I

GÉNIE

DE LA

MONARCHIE

PARIS. — IMPRIMERIE DE J.-B. GROS,
RUE DU FOIN-SAINT-JACQUES, 18.

GÉNIE

DE LA

MONARCHIE

PAR

ALEXANDRE WEILL

Surgite mortui !
Levez-vous, morts !

PARIS

CHEZ DENTU, PALAIS NATIONAL. — A LA LIBRAIRIE, PASSAGE DU GRAND CERF.

Et chez tous les Libraires de France et de l'Étranger.

1850.

1849

A M. H. DE LOURDOUEIX.

J'entreprends une tâche ingrate et pénible; ingrate, parce que je suis venu dans une époque où les hommes aiment mieux être les premiers dans l'erreur, que les seconds dans la vérité; pénible, parce que je trace des sillons dans un terrain mouvant et poussièreux. Je ne me fais point d'illusion. Ce livre aura peu d'influence sur la génération présente altérée d'erreurs. Il en est des sophistes comme des hydropiques. Plus ils ont d'eau dans le corps, plus ils ont soif. La majeure partie de nos jeunes gens, élevés dans les colléges universitaires, ne portent la tête si haute, que parce qu'il n'y a rien dedans.

Cependant jamais je n'ai travaillé à un ouvrage avec tant d'ardeur.

C'est que, me trouvant au milieu d'un déluge social, j'ai eu hâte de construire une arche, d'y jeter quelques idées de salut, afin que si, par hasard, elle surnage et s'arrête quelque part, un gouvernement chrétien puisse fonder une société humaine sur les bases éternelles du devoir.

Là où il aborde, ce livre fera peut-être un homme d'État.

Tout livre qui conduit à Dieu aboutit.

Aussi, tout en désespérant du présent, j'ai la conviction de n'avoir pas travaillé en vain. Je jette quelques grains qui germeront, pousseront et fleuriront.

Plaise à Dieu que ce soit dans notre pays.

J'entends souvent dire que la France a toujours été et restera toujours à la tête de l'humanité. C'est une grande erreur et un grand orgueil. La France a été à la tête de l'humanité quand, par le principe initiateur de son gouvernement, elle a pu être en avant des autres nations. Grâce à l'hérédité du pouvoir, cette âme nationale, la France a toujours produit de grands écrivains, de grands guerriers, de grands hommes d'état et de grands magistrats. La France de Charlemagne, de saint Louis, de Charles V, de Louis XII, de Henri IV, de Richelieu, de Louis XIV est à la tête de l'humanité, car elle produit des Eginhard, des Suger, des Dugesclin, des Sully, des Corneille, des Fénelon, des Bossuet et des Molière. De nos jours, la France monarchique a encore créé un Chateaubriand; mais la France démocratique, loin de conduire l'Europe sera toujours traînée à sa remorque. Les démocrates à la tête du mouvement font l'effet des singes qui, voyant de loin des hommes armés sur un cheval, se jettent les uns sur les autres, en tirant un bâton de cocotier en guise de flamberge.

Ce sont des enfants terribles qui, enfonçant la tête et les pieds dans le chapeau et les souliers de leurs grands-pères, essaient de jouer avec leurs armes, qu'ils peuvent à peine soulever. Depuis que ce pays a renversé l'hérédité de son pouvoir légitime, il s'est suicidé moralement. C'est un homme qui a éteint son âme. Il faut que d'autres pensent et agissent pour lui. Puis, au bout de quelque temps, les vers sont venus ronger ce beau cadavre. Cela grouille, cela fourmille, cela pétille; on dirait une nouvelle vie. Hélas! c'est la vie de la mort.

La France est morte par la démocratie. Elle ne ressuscitera que par la monarchie.

Cette résurrection aura lieu tôt ou tard. Dieu a bien promis à Abraham de sauver la ville de Sodome, à condition qu'il y trouverait cinq hommes forts et justes. La France n'a qu'à chercher pour les trouver.

Notre pays est en révolution, c'est-à-dire en dissolution, depuis le 14 juillet 1789. Tout ce que la révolution a eu de *bon* se trouve *meilleur* dans les cahiers admirables de cette époque.

La France ne doit rien à ces soixante années de troubles. Ivre de révolution, elle tombe continuellement de l'anarchie dans le despotisme, et du despotisme dans l'anarchie. Cette dissolution s'est arrêtée le 25 février 1848.

Le mouvement de février est la dernière station de la révolution. A partir de ce moment, les flots, couvrant les crêtes des plus hautes montagnes, s'arrêtent et vont diminuant

Pour qu'un gouvernement soit encore submergé, il faut, ou qu'il soit lui-même au-dessous du niveau du déluge, ou bien, qu'il s'y jette de gaité de cœur.

Partout où le démon révolutionnaire avancera un moment, il suffit qu'un seul homme de vertu et de courage se pose devant lui, en lui criant : ARRIÈRE. Les révolutionnaires ont beau faire venir des Balaam pour maudire le Dieu d'Israël ; pour les arrêter, les ânes mêmes trouveront des paroles.

Oui, l'ordre renaîtra. Mais quel ordre ? Il se peut bien que la liberté, compromise par l'athéisme anarchique, soit sacrifiée une seconde fois au despotisme païen, fruit d'une intrigue ou d'une usurpation. Il n'y a qu'un seul ordre capable de donner à la France, liberté et prospérité. C'est l'ordre chrétien, élevé à la hauteur d'un principe immortel. C'est l'ordre dont l'âme est l'hérédité légitime du pouvoir; centre de gravité où aboutissent tous les devoirs, d'où jaillissent tous les droits du peuple.

C'est dans ce but que j'ai écrit ce livre, dans lequel vous trouverez le reflet de beaucoup de vos idées, ainsi que de celles de notre immortel ami, prêtre par le devoir, homme par la pensée, ange par la douceur, français par-dessus tout.

Si forte que soit une conviction, elle gagne par la sympathie d'une autre qui s'y joint. Pour grandir, la plante marine a besoin de pluie, bien qu'elle se trouve dans l'eau.

En achevant ce livre, je me sens déchargé d'un fardeau; le cœur joyeux, je rends grâce à Dieu de m'avoir permis de faire mon devoir.

Tout, dans cette vie, est vain et passager. Toutes les jouissances matérielles meurent presque en naissant. Il n'y a qu'une seule jouissance durable et féconde. C'est celle du devoir accompli. J'ai toujours plaint les hommes que d'autres ont enviés. Ils sont riches et brillants; ils ont du pouvoir et des flatteurs; ils donnent des faveurs et des places. Les malheureux! ils sont riches pour les autres, et pauvres pour eux-mêmes. Ils ne font pas leur devoir.

Si ce livre crée un seul homme d'État faisant son devoir, il aura atteint son but. La France, couchée splendidement dans son cercueil révolutionnaire, est toute prête à se lever à la grande voix du devoir. Un seul homme de foi et de courage au pouvoir, peut opérer ce miracle. La France attend un messie politique. Il viendra!

Alexandre WEILL.

Paris, le 24 octobre 1849.

INTRODUCTION.

LES IMPUISSANTS DE L'ORDRE.

Ce qui fait l'homme d'ordre, le grand citoyen, ce n'est ni le talent, ni l'éloquence, ni l'habileté, mais une foi inébranlable dans le principe du juste, du vrai, du bien, et le courage de proclamer ce principe avec la ferme volonté de se sacrifier, de mourir pour lui. Tout ce qui s'est produit de vraiment utile et durable, a été fait au nom d'un principe sacré.

Tout ce qui s'est fait par l'homme, par l'individu, au nom d'un intérêt ou d'un parti, a péri au bout de quelques années.

Le principe seul est un ciment divin et éternel. Comme le feu, il épure ce qu'il réunit.

Tous les hommes qui, soit par leur génie, soit par leur vertu, ont gravé leurs noms immortels dans les cœurs de leurs contemporains et de la postérité, ont été la *personnification* d'un principe.

Tous ceux, au contraire, qui, avec du talent et du génie, ont fini misérablement, soit dans le crime, soit dans l'oubli, n'ont été que des *personnalités*.

Les grands caractères, les vrais fils de Dieu, les véritables hommes de bien, ne sont pas ceux qui, défendant la société par la force matérielle, servent d'instrument à tous les partis vainqueurs, à tous les mensonges de l'ordre, à toutes les usurpations heureuses, mais qui, loin de se soumettre au fait accompli de la force brutale, glorifient la divinité, par le sacrifice de leur vie, par le triomphe de l'âme sur le corps, par la victoire du principe, venant d'en haut, remportée sur l'intérêt, venant d'en bas.

L'homme politique ne défend ses droits que par l'accomplissement strict et rigoureux de ses devoirs. Il n'y a point de politique autre que celle de la morale, de la religion et du devoir. Il n'y a point de politique sérieuse et féconde, autre que celle du principe, ce lien indissoluble qui attache l'homme à Dieu; ce fil électrique qui, par une seule vibration, met en mouvement toutes les âmes généreuses et bien nées.

Dieu, principe des principes, s'est fait homme pour sauver l'humanité.

Il faut que l'homme, pour faire le

bien, se transforme en principe, afin de s'approcher de Dieu.

Or, il en est des nations comme des hommes. Elles existent et font de grandes, de belles choses, quand elles se *personnifient* dans un principe, qui est leur souffle, qui fait leur gloire et leur vertu.

Elles périssent dès que, se détachant de leur principe, elles croient, dans leur orgueil, pouvoir vivre toutes seules. C'est comme si le corps se révoltait contre l'âme qui le domine; c'est comme si la terre s'insurgeait contre le soleil qui brule, mais aussi, qui seul lui donne chaleur et vie.

Une nation dont la politique, subordonnée aux faits accomplis de la force brutale, est complètement détachée du principe moral de la justice, de la religion et du devoir, n'est plus qu'une bête féroce qui, affamée, défend sa proie, mais qui, assouvie, se laisse prendre par le premier venu.

C'est la situation de la France révolutionnaire.

Dans la religion comme dans la politique, le fait domine le principe, la matière se détache de l'idée, et tend à la subjuguer.

Dans la religion comme dans la politique, la France, reniant son origine céleste, ne parle que de ses droits, et ne fait jamais son devoir.

Elle ne sème pas, elle ne songe qu'à récolter.

Elle ne travaille pas, elle veut jouir.

Elle ne prie pas, elle jure.

Elle s'insurge à tout instant contre l'ordre, et demande à tous les passants de lui dire où est la liberté. L'ombre qui veut être le soleil.

Dans la religion comme dans la politique, l'orgueil satanique du mal propose tous les jours d'escalader le ciel par une tour, élevée au nom de l'égalité et de la fraternité. La tour est à peine commencée, et l'un n'entend déjà plus l'autre. Autant d'hommes, autant de langages, autant de politiques, autant de religions. Chacun a son système, c'est-à-dire sa passion.

La France n'est plus une nation, c'est une arène où fourmillent trente cinq millions d'hommes sans lien ni ciment. Ils ne sont attachés les uns aux autres que par des chaînes d'intérêts et d'appétits ; chaînes qu'ils briseront demain pour s'entretuer avec les débris.

Toutefois l'existence du mal ne constitue pas le danger. Un mal accusé et connu, n'étant que la négation du bien, peut et doit être forcément vaincu par la loi de la réaction. La vie est une lutte permanente entre le principe divin, qui est le bien, et la négation de ce principe, qui est le mal. Vivre, c'est agir ; c'est lutter ; c'est arriver à la victoire de l'intelligence sur la matière, du droit sur le fait, non pour l'anéantir, mais pour le dominer, pour le diriger. Il n'est point de mal absolu. La matière est aussi nécessaire à l'esprit, que la nuit au jour, que l'hiver à l'été. Il s'agit seulement d'arriver à l'équilibre, de maintenir le jour, afin de n'être pas plongé dans d'éternelles ténèbres, afin de pouvoir faire usage de ses yeux.

Mais il est absurde de repousser la lumière du jour, de la déclarer inutile par la raison qu'on jouit d'une vue excellente.

C'est pourtant ce que font en France les soi-disant hommes d'ordre. Parce qu'ils ont du talent — c'est-à-dire des yeux — ils croient pouvoir gouverner sans principe — c'est-à-dire sans jour, — moyennant quelques lampions révolutionnaires.

Là est le véritable mal; là est le danger.

Ce sont ces hommes, ces impuissants orgueilleux de l'ordre, ces lapons politiques qui empêchent la France de lutter glorieusement, au nom du bien contre le mal, qui la retiennent dans le crépuscule du doute; qui l'arrêtent dans sa course triomphale vers ses devoirs et ses droits; qui, en un mot, veulent faire de l'ordre avec le désordre; race de demi-hommes, voulant et ne pouvant pas, pouvant et ne voulant pas; race bâtarde qu'un dicton allemand a bien caractérisée par ces paroles. *Ils veulent qu'on lave leur pelisse sans la mouiller.*

Ils sont révolutionnaires, ils en sont fiers, et ils s'appellent hommes d'ordre. Ils n'ont jamais pu s'élever jusqu'au pouvoir, ils l'ont toujours abaissé jusqu'à eux.

Puis, ils s'étonnent de voir que la révolution les ait dépassés.

Ils ont fait l'office du soufflet pour attiser le feu, et ils s'étonnent de se voir les premières victimes de l'incendie.

Luttant toujours au nom des intérêts, au nom d'une position acquise, niant le principe primordial de l'ordre, ils osent dire à la révolution, leur créature : Jusque là et pas plus loin. Ils ne savent donc pas qu'une révolution, comme le crocodille, dont elle a aussi les larmes, grandit et grossit toujours jusqu'au moment de sa mort; qu'enfin, pour avoir l'ordre, il faut que la mort de tout désordre soit d'abord bien et dûment constatée.

Ils ont fait la révolution de juillet. Au nom de quel principe? Au nom de la liberté ! Misère ! La liberté est le fruit de l'ordre, elle en est l'effet, jamais la cause. Renverser le principe d'ordre pour avoir la liberté, c'est tuer la poule pour avoir les œufs. Ils ont aboli l'hérédité légitime du pouvoir, et ils s'étonnent de voir attaquer l'hérédité de la propriété; semblable à un fou qui mine le fondement d'un édifice et qui est tout stupéfait d'en voir écrouler le toit, auquel il n'a pas touché.

Ils ont établi et consacré une usurpation, et ils se récrient contre la spoliation.

Ils ont volé, et ils crient : Au voleur !

Ils s'imaginent pouvoir gouverner sans principe avec une majorité numérique, croyant que quatre cents médiocrités posées l'une sur l'autre, font un grand homme d'état. Contrairement à toutes les lois de la nature, ils admettent la division d'une vérité, partageant le principe en deux parts, faisant de l'ordre révolutionnaire, de l'hérédité usurpatrice, vivant continuellement dans un crépuscule sans soleil ni lune, se croyant profonds parce qu'on ne voit pas le fond de leurs idées plates, mais troubles.

Une vérité est toujours absolue et n'admet pas de division. L'erreur seule est multiple et multicolore.

Deux et deux font quatre. Voila une vérité.

Mais l'erreur dit : Deux et deux font trois ou cinq.

Arrive le *demi*, qui prétend que deux et deux ne font précisement ni quatre, ni trois, ni cinq, mais trois et demi.

La terre tourne ou ne tourne pas. Voilà une vérité. C'est blanc ou rouge. Arrive le bleu qui prétend, que la terre ne tourne qu'à demi.

L'ordre c'est l'hérédité du pouvoir. il n'y a point d'autre ordre politique ; car l'hérédité seule transforme l'homme en principe et rend l'ordre immortel ; l'hérédité seule assure la propriété, qui est l'émancipation du travail ; enfin l'hérédité du pouvoir seule est capable de donner au peuple, prospérité, paix et liberté.

Ils sont bien d'accord sur ce point. Seulement ils commencent par deshériter cette hérédité pour la donner à un des leurs. Ils n'en veulent pas à la propriété, mais au propriétaire.

Mieux vaut le communiste franc et cynique. On guérit vite d'une fièvre chaude, mais on revient rarement d'une fièvre putride ; et même guéri, on a perdu toutes ses forces, toute sa vigueur.

Il en est de même des soi-disant républicains honnêtes et modérés, qui croient pouvoir établir la société et arrêter le mal avec la force de leurs personnalités. Ils ressemblent à ce paysan qui, voyant le filet d'eau formant la source du Danube, l'arrêta avec son pied, en s'écriant : « Vont-ils être étonnés à Vienne en voyant le Danube arrêté subitement dans son cours ! » Ils croient pouvoir se mettre en guise de digues à travers les flots qui montent; oubliant que les véritables digues d'un fleuve, sont les bords.

Sans ces bords, l'Océan lui-même ne serait rien. Sans l'hérédité du pouvoir, ce bord naturel de la démocratie, celle-ci disparaîtra tôt ou tard dans son propre aplatissement.

Ils comptent sur le suffrage universel, sur le bon sens du peuple, ignorant que le suffrage universel n'est qu'un instrument, une masse inerte à laquelle il faut insuffler une âme, par un principe net, précis et positif. Le peuple est un despote matériel.

Pour qu'il fasse le bien, il faut lui donner une bride intellectuelle; autrement il se ruera aveuglément dans toutes sortes de chemins inconnus, et se détruira lui-même. Qu'on pose au suffrage universel une question nette, il répondra : *oui* ou *non*. Qu'on l'abandonne au hasard, qu'on lui demande de voter pour des individualités, ne représentant que des intérêts et des intrigues, il passera outre, et se tournera vers le mal, pour peu que le mal ait l'apparence d'un principe clair et logique.

La masse n'adopte pas de nuances.

Le peuple, pour voir, a besoin d'un drapeau d'une couleur tranchée et levé bien haut. Présentez lui l'ordre dans un principe visible et palpable, il le saisira de ses deux mains, mais il n'entre pas dans vos arguties doctrinaires.

Il est pour le chaud ou pour le froid, pour le jour ou pour la nuit, pour le blanc ou pour le rouge. Il appartient à l'idée, au principe, jamais à l'individu; à moins que cet individu, au lieu d'être une personnalité, ne soit la personnification, c'est-à-dire l'esclave, le missionnaire, et, à la rigueur, le martyr d'un principe.

» Nécessité! Tactique! Prudence! » Voilà leurs mots d'ordre.

Une assemblée de deux cent dix-neuf députés nomment un roi sans consulter le peuple, ils l'acceptent comme *nécessité*. C'est quelques jours de gagnés.

Une poignée d'hommes proclament la République sans consulter la nation.

Ils commencent par se cacher, et finissent par l'acclamer. *Tactique!*

Comment voulez-vous qu'ils aient du courage, ils ne croient pas au principe, ils n'ont pas de foi, ils ne croient pas en Dieu, ils ne croient pas en eux-mêmes. Dès qu'un homme doute de Dieu, il désespère de soi-même. L'homme est l'ombre de Dieu. Otez lui ce soleil, il n'est plus rien.

S'agit-il de faire son devoir. « Demain, répondent-ils. A demain nos devoirs, » oubliant que celui qui ne fait pas son devoir aujourd'hui-même, est sûr de perdre demain tous ses droits.

Ils n'ont pas de principes, mais des avis.

Ils n'ont pas d'opinions, mais des vues.

Ils n'ont pas de religion, mais des croyances.

Ils ne forment pas une ruche, mais un parti.

Et ils prétendent pouvoir combattre ceux qui, ayant tous ces vices dans un degré de franchise de plus, tirent toute leur force de cette franchise même.

Et ils croient vaincre ceux qui n'ont escaladé le pouvoir, qu'après s'être appuyés sur leur dos, dont ils se sont servis en guise d'échelle !

Et ils osent se présenter au peuple, en déblatérant contre les rouges. C'est comme si un mulâtre voulait se moquer d'un nègre !

Et ils appellent les communistes spoliateurs et usurpateurs !

Mais ce sont eux qui ont assassiné la France d'ordre et de liberté !

Les communistes ne sont que les vers qui rongent ce cadavre !

Et ils osent parler de justice, eux qui ne croient pas à la justice de Dieu ; eux qui sont restés sourds aux leçons de l'histoire d'hier ; eux qui prennent pour un acquittement, un répit que Dieu leur a accordé, afin qu'ils puissent rentrer en eux, et demander pardon de leurs errements passés !

Dieu en effet, peut être miséricordieux pour des crimes individuels ; lui seul, qui pénètre jusque dans les replis de l'âme, peut juger du repentir ou du remords du criminel. Souvent, quand les hommes frappent, Dieu a déjà pardonné. Mais sa justice atteint toujours *en face du peuple* les criminels politiques ; car les crimes politiques sont des crimes commis contre le salut du peuple.

Cette justice dont l'histoire est le grand livre, est souvent lente et tardive, mais elle est sûre, et aucun mortel ne lui échappe.

On dirait, en lisant l'histoire, que Dieu, par son procédé, a donné aux hommes un vrai modèle de justice. Il ne frappe pas le crime le lendemain de sa perpétration. Il commence par lancer un mandat d'arrêt contre le criminel; puis, tout d'un coup, il met la main sur lui, tout en lui laissant le temps d'avouer son crime, afin de l'expier par le repentir et par une conduite vertueuse. Ce répit passé, et l'homme se croyant déjà en dehors des atteintes de la justice, il le frappe soudainement et le fait exécuter par un instrument vengeur.

C'est presque partout le procédé de la justice divine.

L'histoire de Napoléon n'est qu'un procès-modèle de cette justice exemplaire. L'histoire de Louis-Philippe en est un exemple de plus.

Ainsi, en 1830, une révolution éclate à Paris; cette révolution, justifiée en quelque sorte contre les ministres responsables du roi, est tournée par des mains perfides et criminelles contre la royauté, contre l'ordre même. Un peuple sot et ingrat devient le jouet d'un homme ingrat et astucieux. C'eût été un beau moment pour Louis-Philippe de consommer l'expiation de son père criminel par un dernier acte de justice et de vertu. Le fils aurait pu réhabiliter la mémoire souillée de son père. Il aurait pu, comme dit un saint Père de l'Église, le faire monter d'un degré dans les régions de réhabilitation céleste. Il ne l'a pas fait. Il a préféré être l'indigne fils d'un indigne père.

Il aurait pu arrêter l'esprit révolutionnaire en sauvant son droit et son roi, tout en assurant la liberté nationale ; il aurait pu être un prince grand et juste, au lieu d'être un roi inique et petit. Il n'aurait eu qu'à faire son devoir pour forcer tous les hommes marquants de son époque à faire le leur.

Il ne l'a pas fait.

L'ambition a été plus forte que l'esprit de justice, l'intérêt l'a emporté sur la reconnaissance, le vice a triomphé de la vertu. Après quelques moments d'hésitation, le crime fut consommé, et le descendant de Henri IV n'était plus que le fils de Philippe-Égalité.

Et toute l'Europe de battre des mains, sauf toutefois quelque peuples suicidés par l'esprit révolutionnaire. Et tous les docteurs de l'athéisme et de la négation d'accourir et de lui offrir leurs services, sauf toutefois quelques esprits supérieurs marqués du sceau divin. Et tous les gazetiers de s'écrier : O, le grand homme! l'habile homme ! l'excellent homme ! l'honnête homme! Avec quel art a-t-il subtilisé une couronne, et comme tout lui réussit! Voilà le duc de Reichstadt mort. Voilà le roi des Belges qui épouse sa fille. Voilà le duc d'Orléans qui a déjà un héritier mâle. Quelle famille et quelle grande fortune! Toute l'Europe est à ses pieds. Les puissances admirent et son esprit et sa modération!

Et quand on leur répondait : « Mais, après tout, c'est un usurpateur ; en bon français : un voleur de couronne. C'est un homme qui, par le fait même de l'usurpation, est forcé de corrompre la France et l'Europe ; » ils vous recevaient d'un sourire narquois, en s'écriant : « Allez ! c'est un bien habile homme ! » Il fallait surtout bien se garder de parler de Dieu. Est-ce que Dieu s'occupe de ces vétilles ? Est-ce que Dieu s'occupe de politique ? Le dieu de la politique, c'était Louis-Philippe. D'ailleurs, on vole de l'argent, une propriété, mais on ne vole pas une couronne. Elle lui a été donnée par deux cent dix-neuf propriétaires nationaux. Quant au peuple, nous avons la garde municipale et le général Bugeaud.

Voilà qu'un beau matin éclate comme la foudre la justice de Dieu, non pas encore par un jugement définitif, mais par un mandat d'arrêt. Le duc d'Orléans se brise le crâne contre un PAVÉ. Entendez-vous bien, contre un PAVÉ, sur le rebord d'un égoût, d'où est sortie la royauté de son père, *dans le chemin de la Révolte* !

« Je t'arrête, crie la justice de Dieu, en mettant la main sur Louis-Philippe. Tu es mon prisonnier. Tu as volé une couronne sous prétexte d'éviter une régence. LA VOILA, LA RÉGENCE !

» Si tu n'es pas un vil menteur, s'il est vrai que tu te sois sacrifié à ton pays pour lui éviter la régence et l'anarchie, résigne ta couronne, donne-la à celui qui en est l'héritier légitime et qui est majeur. Dans ce cas, tu n'en auras été que le dépositaire légal. Je te pardonnerai, et j'accueillerai dans mon sein ton fils innocent, la victime de ton crime. Repens-toi, frappe-toi la poitrine, reconnaismoi, et il y aura salut pour toi. »

En vain ! Ce n'est pas la régence que Louis-Philippe a voulu éviter à la France, il a voulu être roi comme Macbeth. Seulement, au lieu de tuer le roi de sa main, il se sert de la révolution et de la corruption. Il n'assassine pas le roi, mais ses défenseurs et son peuple. Il veut être roi; il l'est.

Mais déjà il est arrêté; déja il est dans la prison de la justice divine; encore quelques mois, et le juge prononcera son jugement et désignera le jour de l'exécution.

Ce jour arrive. C'est le 24 février.

Et les badauds sceptiques, et les ignorants, et les méchants mêmes de s'écrier : Il est un Dieu !

Oui, il est un Dieu. Et celui qui a fait justice du voleur fera également justice du receleur.

Voyez-vous les gouvernements qui

ont été les receleurs de ce vol. Ils sont tous en voie d'être jugés.

Ceux qui ne le sont pas encore et qui ne se repentent pas franchement de leur acquiescement au crime, le seront tôt ou tard.

Justice sera toujours faite !

Regardez bien les principaux auxiliaires de Louis-Philippe, ceux qui ont partagé son crime, qui ont cru pouvoir escamoter les droits sacrés de toute une nation en faveur d'une minorité factieuse ; qui, au lieu de s'élever jusqu'au pouvoir par le devoir, ont préféré le renverser dans la boue pour s'agenouiller devant lui et glisser dans le sang.

Dieu les a avertis le 24 février. Il leur a répété depuis cet avertissement. Il leur a dit : « Repentez-vous, abjurez tout principe révolutionnaire en faveur du principe réformateur ; pratiquez la justice et la vertu ; faites votre devoir vis-à-vis du peuple et de moi, et je vous pardonnerai, et je vous recevrai en grâce. Mais malheur à vous et à vos descendants, si vous persévérez dans vos anciens égarements de corruption et de compression ! Anathème sur vous, si vous songez à une nouvelle usurpation, à un nouveau crime politique, parce que je n'ai puni que le principal criminel de 1830, en acquittant ses amis et ses aides ! Malédiction sur vous et sur vos familles, si vous êtes trop lâches pour faire votre devoir et trop ambitieux pour reconnaître les droits de chacun ! Vous avez été les premiers prôneurs du principe révolutionnaire et usurpateur, principe négatif, source de tous les maux du peuple, origine de tous les désastres, de tous les vices, de tous les blasphèmes, de tous les crimes ; principe de doute, de néant et d'enfer.

Il faut que ce principe soit exterminé par vous, ou vous serez exterminés vous mêmes. »

Justice a été faite, justice sera toujours faite.

Nous sommes arrêtés dans une situation transitoire. Devant nous Dieu a encore mis le bien et le mal, la vie et la mort, la justice et l'iniquité, le droit et l'usurpation, l'ordre et l'anarchie, la liberté et le despotisme.

Le choix est facile à faire. Nous n'avons qu'à faire nos devoirs, et le peuple jouira de tous ses droits. Nous n'avons qu'à être hommes, et Dieu sera Dieu !

C'est avec une profonde conviction, avec le saint frisson de la vérité divine, n'étant autre que la logique de la justice, que nous nous adressons aux hommes éminents du soi-disant parti de l'ordre, surtout aux hommes qui ont trempé dans les injustices et dans l'usurpation de Louis-Philippe.

Nous leur dirons : La justice de Dieu s'est manifestée au bout de dix-sept ans sur votre maître, un des plus grands criminels de notre époque. Profitez de la leçon. Gardez-vous bien de retomber dans les mêmes errements. Abjurez cette légèreté politique, ce scepticisme machiavélique, cette foi infernale dans le succès du fait accompli. Ne tentez rien qui ne soit d'accord avec la stricte justice morale. Ne croyez pas pouvoir usurper les droits qui ne vous appartiennent pas. N'espérez pas comprimer la vérité, parce qu'elle vous est désagréable. Ne comptez pas sur un pouvoir quand il n'a d'autre base que la force matérielle. Ne craignez pas de sacrifier fortune et vie, quand il s'agit d'un devoir à accomplir. Ne promettez pas de sauver la propriété en commettant des vols politiques. Ne songez pas à garantir la sainteté de la famille privée, si vous ne garantissez pas les droits sacrés de la grande famille nationale.

Ne croyez surtout pas qu'il suffise de ne plus faire le mal pour expier le mal que vous avez fait. Il faut que vous vous réhabilitiez auprès de Dieu et des hommes par le bien réel et actif. Ne vous imaginez pas que le moment n'est point venu encore de faire amende honorable. Chaque jour est un répit de salut qui passe; chaque minute vous rapproche du jour de la condamnation. Ayez le courage de convenir que vous avez eu tort, et vous aurez la force d'avoir raison. Condamnez hautement votre passé, et vous aurez devant vous un avenir grand, brillant et fécond.

Je ne suis que le dernier venu parmi vous; je n'ai ni votre talent ni votre pouvoir; mais j'ai la simplicité de la foi, j'ai la conviction du bien, j'ai été élevé et nourri de la parole de Dieu, j'ai le sentiment inébranlable et de ma faiblesse et de la justice divine.

Je vous le répète, et après moi les faits le répéteront avec leur voix formidable et inexorable.

Justice a toujours été faite. Justice sera faite toujours !

PREMIÈRE PARTIE.

L'HOMME ET L'HUMANITÉ.

I.

De tous les êtres organisés, l'homme, considéré sous le rapport physique, est le plus faible, le plus nu et le plus exposé aux atteintes de la mort. Il n'est supérieur aux autres créatures que par l'intelligence, ou plutôt par l'âme, cette lampe céleste éclairant et réchauffant à la fois les sens physiques, les guidant par la bride de la raison, leur procurant des jouissances inconnues aux êtres à instinct. Loin de s'éteindre par la décomposition des dépouilles mortelles, cette âme grandit, s'épanouit, s'élargit; semblable à une flamme qui, s'échappant de sa prison, par cette liberté même, scintille et rayonne d'une nouvelle splendeur inconnue jusqu'alors.

L'homme, en effet, est un véritable amphibie du ciel et de la terre. Les deux domaines sont siens et lui sont d'une absolue nécessité. La terre lui donne la matière, le ciel lui donne l'âme. A la séparation seule, chaque partie retourne d'où elle est venue.

Grâce à ce privilége, l'homme est un être social, c'est-à-dire fait pour vivre avec son semblable. Grâce au feu électrique de l'âme qui guide la matière, les hommes, communiquant ensemble, deviennent un corps collectif et immortel, qu'on appelle *humanité* ou *société*.

Cette raison divine seule remplace chez l'homme l'instinct de certains animaux sociaux, auxquels manquent la conscience et l'âme — c'est-à-dire l'immortalité.

Et si, par malheur, l'homme ne sait pas faire usage de cet instrument divin; si, dans son orgueil, il méconnaît les conditions de devoir attachées à ce privilége, il déchoit à l'instant de sa qualité céleste. Alors, tombant au-dessous de la brute, ne trouvant plus son unique point d'appui, il meurt et se décompose dans un état cent fois plus misérable que celui du dernier des animaux.

La vie de l'homme est double. C'est une action et une réaction perpétuelle entre la matière et l'intelligence. La matière étant privée d'instinct, tend continuellement à s'abîmer par son propre poids; elle ne vit que par l'intelligence qui lui impose des limites et la retient dans les bornes du bien. La matière, c'est la passion, la jouissance sans bornes. La raison, c'est la lumière qui lui montre l'abîme à côté du chemin. Aussi l'homme ne prolonge-t-il sa vie et ses jouissances que par la raison divine. Sans elle, il ne vivrait pas vingt ans, et se consumerait misérablement dans l'action précipitée de ses passions, comme une lumière qui s'éteint dans un incendie.

Les fous et les idiots ne vivent que parce que d'autres emploient leur raison pour eux. Abandonnés à eux seuls, ils périraient en très-peu de temps par leurs propres écarts.

Cette raison, cette sagesse consistant principalement dans la victoire, que la partie intelligente de l'homme remporte sur la partie matérielle, dans la suprématie de l'âme sur les sens, se traduit presque toujours par un devoir à accomplir.

Il est des animaux qui vivent pour ainsi dire en société. Tels sont les castors, les abeilles et les fourmis.

Ces êtres remplacent la raison absente par un instinct admirable de devoir; chacun travaille sans relâche selon toutes ses forces. Ils ne connaissent cependant pas l'égalité. La reine des abeilles se laisse adorer; le bourdon fait l'amour. Ils ont tous un instinct de spécialité qui leur tient lieu de raison, et produit une certaine harmonie des aptitudes. Le frelon seul, ce communiste de la ruche, consomme sans produire; toute l'ardeur de son travail égalitaire se borne à empêcher les autres de produire en leur dérobant les sucs des plantes, ou bien à les priver du fruit de leur labeur consommé.

L'abeille ou le castor ne discute pas son droit de jouir avant d'avoir fait son devoir de travailleur. Son instinct et son devoir sont identiques.

Et si, par l'augmentation de la famille, les jeunes étourdies se révoltent pour usurper la ruche et le pouvoir de l'ancien essaim, elles sont à l'instant expulsées et forcées de fonder une nouvelle colonie.

Jamais émeute n'a réussi dans une ruche: c'est l'ordre par instinct. Or, s'il est humiliant pour l'homme de reconnaître que sa raison ne remplace pas toujours l'instinct, par contre, il s'élève jusqu'à Dieu en vertu du libre arbitre de cette même raison. C'est ce qui a fait dire à un des plus grands penseurs de l'humanité, que l'homme n'est pas divin par la raison même, mais par la grâce révélée de cette raison. S'il ne risquait pas d'être vaincu, il ne serait pas un héros. S'il n'était pas exposé à tomber si bas, il ne s'élèverait pas si haut. S'il ne pouvait pas être un démon, il ne serait pas un ange.

Cette lutte, cette victoire, ce triomphe, cette ascension perpétuelle de bas en haut, de la terre vers le ciel, cette absorption de la matière par l'âme, tout cela se résume, en un mot qui s'appelle: **DEVOIR.** Ce mot, à lui seul, indique à l'homme, n'importe la situation, ce qu'*il doit faire* pour remplir sa mission divine.

Ce n'est qu'en accomplissant ce devoir par la raison, que l'homme social parvient à jouir de ses droits, c'est-à-dire à donner une satisfaction convenable à ses passions et à ses désirs. Il n'y aurait qu'un seul homme sur la terre, cet homme ne pourrait jouir de ses droits, en d'autres termes, se développer et vivre selon sa constitution, sans remplir d'abord ses devoirs. Entraîné par la fougue de la matière sans guide ni bride, même sans être gêné par les droits du voisin, il se consumerait rapidement dans son action perpétuelle qui, privée d'instinct, le ferait mourir de mille morts, avant d'avoir pu lui donner un avant-goût des jouissances innombrables d'une vie à la fois humaine et divine.

La matière sans intelligence représente chez l'homme le chaos avant la création de la lumière. La raison n'est autre que la limite imposée à la matière; abandonnée à elle-même, celle-ci disparaîtrait bien vite d'épuisement, n'était la raison qui, l'arrêtant, la ramène à son équilibre, pour lui faire reprendre de nouvelles forces.

C'est l'action du *devoir* sur le *droit*. Sans cette action, le droit périrait par ses propres excès. Le devoir est au droit ce qu'est la raison à la matière: un guide qui, non-seulement lui montre le chemin, mais encore qui lui indique le point où il faut s'arrêter, sous peine de disparaître.

Ce n'est pas l'océan qui a fait ses bords, ce sont au contraire les bords qui, par leur hauteur, ont créé l'océan, en le contenant.

II.

La vie de l'homme repose donc de prime abord sur le devoir. Or, si l'individu ne peut vivre sans le devoir, à plus forte raison la société ne saurait exister un instant sans cette base primordiale, sans cette pierre fondamentale. En effet, de même que l'individu, la société se dissout par ses prétendus droits absolus et ne se conserve que par l'accomplissement de ses devoirs.

Deux hommes dénués de raison et non retenus par le lien religieux du devoir, ne vivraient pas ensemble deux jours. Ils auraient beau être d'accord sur leurs passions et leurs goûts; ils vivraient dans un paradis terrestre, c'est-à-dire dans l'abondance de tout, un moment arrive forcément ou l'un sera obligé de céder à l'autre, soit sur un droit quelconque, soit sur une opinion; car c'est le propre de l'homme d'opposer erreur contre erreur, extrême contre extrême, de se détruire par la déraison, s'il ne sait se conserver par la raison.

L'homme ne cède à l'homme qu'en faisant usage de la raison. Dès-lors, ou il se soumet à une supériorité, ou bien, refrénant ses passions, dominant ses appétits, il laisse spontanément un champ libre à son frère, lequel, profitant de l'exemple, se hâtera de faire son devoir à son tour. Car, si l'erreur est contagieuse comme l'épidémie, la raison et le devoir se communiquent par la rapidité de l'électricité, dont Dieu a déposé les fils conducteurs dans chaque cœur humain.

C'est ainsi, en effet, que s'est formée la société. Deux hommes, cédant à leurs passions, à leurs prétendus droits absolus, entrent en guerre; arrive un troisième, doué de raison, faisant son devoir, pour leur enseigner la justice, pour leur apprendre à vaincre, à guider la matière par l'intelligence et l'âme venant d'en haut. Mais, comme l'exemple seul ne suffit pas toujours, comme il y aura toujours des hommes faibles et orgueilleux, retombant dans les griffes de la passion, sous le nom doré du droit, force a été de dicter des lois de coërcition pour obliger les récalcitrants de faire leur devoir, afin de leur garantir leurs véritables droits. Ces lois de devoir sont divines, car elles ont été révélées aux hommes injustes par des hommes justes, missionnaires de Dieu, dans un but d'amour et de conservation.

Sans la loi du devoir, nul ne pourrait et ne saurait jouir de ses droits. Ceux qui, oubliant le devoir, réclameraient les droits avec violence, en seraient les premières victimes, et entraîneraient avec eux toute la société dans une mer de dissolution.

Des tyrans, c'est-à-dire des hommes parlant toujours de leurs droits sans jamais songer à leurs devoirs, ont souvent transgressé ces lois de raison et de justice. Des peuples, tyrans collectifs, les ont foulées aux pieds et ont disparu comme des ouragans. Mais les lois du devoir ont toujours fini par reparaître plus fortes que jamais; car si l'homme isolé peut dégénérer et déchoir de sa destinée, la société, représentant l'humanité, ne déchoit jamais entièrement. Elle ne penche d'un côté vers l'abîme, que pour toucher au ciel du côté opposé.

Quand, sous les Pharaons, elle s'abîmait dans le mensonge et le despotisme, elle montait vers le ciel avec Moïse.

Quand, par les excès de la démocratie et du droit absolu, elle allait s'engloutir dans le gouffre de corruption et de tyrannie, par le devoir, elle s'assit avec Jésus à côté de Dieu.

C'est pourquoi il suffit, dans la société, que quelques-uns en vue fassent leurs devoirs, pour que tôt ou tard tout le monde jouisse de ses droits.

D'où il vient, que là où le gouvernement, sommet de la société, fait son devoir, les gouvernés font le leur et se garantissent mutuellement leurs droits.

Comme l'individu, la société a des droits inhérents à sa constitution matérielle. Mais ces droits sont tous SUBORDONNÉS et non COORDONNÉS aux devoirs, représentés par la partie intellectuelle qui, seule, constitue la supériorité de l'homme sur toute la nature organisée.

Le premier mouvement de l'homme est le droit, parce qu'il vient des sens et du sentiment, mais ce n'est que conduit par la raison, représentée par le devoir, qu'il aboutit au bien. Abandonné à lui-même, il verse sur la pente rapide de la passion et s'engouffre dans le néant.

La chute de l'homme date du droit absolu.

Sa rédemption, au contraire, date du devoir accompli.

C'est là le mystère de l'arbre de la science et de la vie

Dieu a donné la raison à l'homme pour diriger sa vie par le discernement entre le mal et le bien. Si l'homme était sûr de vivre toujours, s'il n'était pas exposé à périr par l'orgueil, par le droit poussé à l'extrême, le devoir serait superflu, la science ou la raison ne serait qu'une superfétation. Il serait Dieu, comme dit la Bible, et n'aurait pas besoin d'être vertueux pour devenir immortel.

L'homme social ne peut donc, en aucune manière, réclamer ses droits, à moins de se soumettre aux devoirs qui les règlent dans les limites du bien. Autrement l'humanité serait bientôt à la veille d'un nouveau déluge. Chacun n'aurait qu'a pousser ses droits jusqu'à l'extrême; le monde serait à refaire, et il ne serait refait que par le devoir.

L'homme divin ne se distingue pas de ses semblables par l'extension de ses droits, mais par l'accomplissement plus rigoureux de ses devoirs, par le dévouement qui est l'abnégation des droits au profit des devoirs. S'élever au-dessus de ses semblables, ce n'est pas s'éloigner d'eux, mais s'approcher de Dieu. La balance humaine suit partout et toujours le mouvement des droits et des devoirs.

Celui qui néglige ses devoirs, venant d'en haut, au profit de ses droits, venant d'en bas, penche vers la terre, c'est-à-dire vers tout ce qui est vain, passager et fugace. Celui, au contraire, qui sacrifie ses droits à ses devoirs, fait de la vie une ascension perpétuelle vers le ciel et laisse sur la terre même des traces immortelles.

C'est là tout le mystère, toute la doctrine du christianisme, basée sur la prédominance des devoirs sur les droits.

La société, la politique, le progrès humain, la religion, tout enfin repose sur cette seule et unique base, posée par la main de Dieu sur le roc immuable de la vérité.

III.

Maintenant que le champ de bataille s'ouvre vaste devant nous, j'appelle au combat non-seulement les médiocrités révolutionnaires, ces sophistes qui, petits de raison, et ne pouvant s'élever par le devoir, cherchent à se hisser sur un socle, n'importe que ce soit un fumier ou un monceau de cadavres, mais encore les penseurs, les matadors du droit absolu et révolutionnaire, les génies du doute, les anges déchus du devoir; bref, tous les écrivains politiques du dix-huitième et du dix-neuvième siècle.

LA SOCIÉTÉ DU DROIT (1).

I.

Une des plus fatales erreurs de l'homme est celle de croire qu'il soit permis de manquer à son devoir, parce que le voisin ne fait pas le sien. Parce que la monarchie de Louis XV a manqué à tous ses devoirs, les écrivains du dix-huitième siècle n'ont parlé au peuple que de ses droits. A quoi ont-ils

(1) Sous le mot *Droit*, j'entends le droit absolu, le droit révolutionnaire, qui partout est le droit sans devoir.

abouti ? A Robespierre. Du despotisme ils sont tombés dans l'anarchie; de la fièvre en chaud mal. Renverser la Bastille pour y placer une guillotine, voilà le fruit du droit sans devoir.

Jamais peuple, souverain ou non, n'a pu parvenir à jouir de ses droits, sans accomplir ses devoirs. C'est le mot de Sieyès, révolutionnaire repenti qui, voyant l'assemblée nationale ne plus faire son devoir envers la monarchie, s'écria : *Les malheureux ! Ils ne savent pas être justes et ils veulent être libres !*

Depuis plus d'un siècle, les faux philosophes du peuple proclament, que l'homme a des droits absolus, innés, imprescriptibles et primordiaux.

Sophisme! Mensonge!

L'homme social n'a aucun droit et n'en saurait avoir, avant de reconnaître ses devoirs. L'homme, exerçant ses droits sans devoirs est au-dessous de la brute, puisqu'il n'a pas l'instinct qui empêche celle-ci de déchirer le sein de son semblable. On n'a jamais vu des loups se ranger en bataille serrée et s'entredévorer. Mais les hommes sans raison, représentant le devoir, s'entretuent au nom de leurs droits; chacun prétendant avoir droit de vie et de mort sur son frère; chacun réclamant le droit de commander, là ou personne ne remplit le devoir d'obéir.

L'homme, a-t-on dit encore, l'homme devient libre par l'acte de la naissance même.

Erreur! L'homme est né misérable, faible, esclave de ses besoins et de ses passions. Tout d'abord, il ne vit que grâce aux devoirs exercés par ses parents envers Dieu et la société. Plus tard, il ne devient libre que par la suprême raison, représentant le devoir tracé de bonne heure par la religion. La liberté lui vient d'en haut et non d'en bas. Elle lui vient de l'âme et non de la matière. Elle lui vient de son devoir et non de son droit. L'homme ne s'affranchit de la matière, que par le courage de savoir mourir, et l'homme n'a le courage de braver la mort, que parce qu'il se sent libre et immortel par l'âme, lui venant de Dieu.

La liberté est fille du devoir.

Il n'y a point d'autre liberté!

On a cru et l'on croit encore que la liberté peut être acquise par le droit d'insurrection, c'est-à-dire par le droit du plus fort.

Folie! Démence! Dès qu'un peuple emploie la violence comme droit, il ne prouve qu'une chose. A savoir : qu'il est composé de misérables esclaves indignes de la liberté. On ne combat l'injustice que par la justice.

Oui, il est du devoir de l'homme de défendre la liberté et de savoir mourir pour elle, mais ce devoir ne se traduit, ne saurait se traduire que par le dévouement et le sacrifice. Nul n'a le droit d'acheter sa liberté avec la vie et la fortune de son voisin; nul n'a le droit de transformer l'homme en sicaire, sous prétexte de lui conquérir sa liberté; nul enfin ne peut être affranchi, s'il ne l'est d'abord de son orgueil, de ses passions et de ses prétendus droits.

Socrate était libre. Il a vaincu le despotisme en buvant la ciguë.

Jésus était libre. Il a su mourir et sauver la liberté de l'humanité.

Mais un peuple, requérant par la force brutale ses droits matériels, n'est jamais, ne sera jamais libre; car ce peuple manque à ses devoirs.

II.

Des hommes politiques du droit révolutionnaire ont cherché à résumer toute la littérature sceptique du dix-huitième siècle dans une ***Déclaration des droits de l'homme***. C'est une œuvre négative et stérile; dans certaines parties, mensongère et criminelle.

C'est cependant sur cette ***Déclaration des droits de l'homme*** que reposent toutes les constitutions, plus ou moins démocratiques, qui, tour à tour, ont surgi et disparu depuis cinquante ans.

« Les représentants du peuple français :
» Considérant que l'ignorance, l'oubli ou
» le mépris des droits de l'homme sont les
» seules causes des malheurs publics et de
» la corruption des gouvernements, ont
» résolu d'exposer, dans une déclaration

» solennelle, les *droits naturels, inaliénables et sacrés* de l'homme, afin que cette » déclaration, constamment présente à tous » les membres du corps social, leur rappelle sans cesse leurs droits et leurs » devoirs. »

C'est tout d'abord faux. Ni les malheurs publics, ni les gouvernements corrompus n'ont été dus à l'oubli et au mépris des *droits*, mais uniquement à l'oubli et au mépris des *devoirs* de l'homme. Les auteurs de la déclaration ont pris l'effet pour la cause. C'est parce que les uns n'ont pas fait leur devoir, que les autres n'ont pas joui de leurs droits. On dira que cela revient au même. Nullement! Les gouvernements ont beau reconnaître et se rappeler les droits des gouvernés, si ceux-ci ne font pas leur devoir, ils périront immanquablement. Louis XVI a reconnu et consacré tous les droits du peuple. Il n'était ni corrupteur, ni corrompu. Le Peuple en était-il plus heureux et plus libre? Il jouissait pourtant de tous ses droits et au-delà. Aussi, ces prétendus droits inaliénables et sacrés, proclamés par l'Assemblée nationale, furent-ils bien vite foulés aux pieds par Robespierre. Celui-ci, ne faisant pas son devoir, disparut lui-même devant d'autres hommes de droit, qui, à leur tour, devinrent les esclaves de Bonaparte. Napoléon ne tint aucun compte de la *Déclaration des droits de l'homme*, mais, dès qu'il manqua à son devoir, il perdit ses droits, tomba, et entraîna avec lui le pays prévaricateur.

Pour peu qu'on pénètre dans l'histoire de ce cataclysme de gouvernements renversés les uns sur les autres, on verra que toutes ces chutes, si miraculeuses à l'apparence, ont été simples, naturelles et logiques. Aucun de ces gouvernements n'a fait son devoir. Aucun ne reposait sur cette base morale, qui seule résiste à toutes les atteintes du dehors; qui seule triomphe de tous les obstacles du dedans. Un enfant doué du sentiment du devoir, aurait pu leur prédire la chute, à quelques années près.

La déclaration des droits de l'homme, malgré son exposition des droits inaliénables et sacrés, n'a donc empêché ni malheur public, ni corruption. Elle n'a épargné aucune calamité ni au peuple, ni aux rois. Ce n'est pas par l'exemple des droits que l'homme apprend à connaître ses devoirs, comme le prétend la *déclaration*. Ce serait le monde renversé. On arriverait au devoir juste au moment où il serait trop tard. C'est ainsi, en effet, que les révolutionnaires de 93 et tous les pouvoirs tombés après eux, sont arrivés à connaître leurs devoirs :

Sur l'échafaud, en prison ou dans l'exil.

Ce n'est que deux jours avant leur mort que Danton et Camille Desmoulins ont songé à la doctrine « nécessaire » de l'immortalité de l'âme. Ce n'est qu'après avoir commis des crimes sans nombre, que Robespierre a songé à l'existence de Dieu, première pensée de son devoir. C'est à Sainte-Hélène, que Bonaparte oublia un instant ses prétendus droits, pour examiner ce qu'il aurait dû faire pour accomplir ses devoirs. Il en est de même de tous les hommes, dont les actes publics ou privés sont basés sur le droit, au lieu d'être le résultat forcé du devoir.

La fausse déclaration poursuit en ces termes :

« Les hommes naissent et *demeurent* libres et *égaux* en droits. »

Autant de mots, autant d'erreurs.

Les hommes ne naissent, ni ne *demeurent* surtout libres, et encore moins égaux en droits.

En naissant, ils n'ont aucun droit. Ils n'existent que par les devoirs des parents, devoirs tracés par la nature. Les droits ne leur viennent que plus tard, par l'accomplissement du devoir.

En naissant, les hommes sont complètement *inégaux*. L'un, hérite de ses parents une santé parfaite, l'autre une maladie mortelle. L'un, est beau et bien fait, ce qui lui procure bien des faveurs, l'autre est laid et difforme. L'un, ayant le cerveau bien organisé, apprend avec facilité ; l'autre, obtus, est incapable d'apprendre. L'un reçoit de Dieu une âme d'élite, à laquelle la terre sert de marche-pied pour monter plus haut, l'autre n'obtient qu'une âme à peine ébauchée ; enfin cette égalité n'existe même pas après la mort. Car les uns, ayant fait leurs devoirs, s'approchent du centre lumineux du créateur; tandis que d'autres, ne songeant qu'à la satisfaction de leurs droits physiques, guère supérieurs aux bêtes, ne sont après tout que des ânes immortels.

Qu'est ce donc que l'égalité? *Un devoir*; le devoir de se soumettre à la loi commune, malgré la supériorité de l'âme; c'est la modestie de la vertu, la pudeur de l'intelligence. C'est Dieu se faisant homme, c'est Jésus-Christ sur la terre. Jamais l'égalité ne sera un droit, excepté pour les laids enviant la beauté, pour les sots criant contre l'esprit, pour les fainéants s'emparant du fruit des travailleurs, pour les méchants tyranisant les bons. C'est le despotisme qu'ils réclament sous le nom d'égalité. Quand on ne sait pas obéir à la loi commune par le devoir, il ne reste qu'un prétexte. C'est de réclamer le droit de commander.

Poursuivons:

« Le but de toute association politique est la conservation des *droits naturels* et *imprescriptibles* de l'homme. Ces droits sont : la liberté, la propriété, la sûreté et la *résistance à l'oppression.* »

Admettons la première partie, le but de la liberté, de la propriété et de la sûreté. Mais c'est le comble de l'ignorance de croire que ces droits soient sauvegardés par la résistance, c'est-à-dire par le droit d'insurrection. Ces droits ne peuvent être sauvés que par l'accomplissement des devoirs. Si les uns font leurs devoirs, les autres jouissent de leurs droits. Il faut répéter mille fois cette vérité, car il n'y a point d'autre moyen pour arriver à ce but. La résistance violente, fût-elle toujours victorieuse, compromettrait toujours ces même droits. La résistance comme devoir est basée exclusivement sur la justice et le dévouement. Il est du devoir de l'homme de résister à l'injustice par la justice; au vice, par la vertu; à l'erreur, par la vérité. Il est de son devoir de mourir pour sa foi et sa liberté, mais la résistance matérielle est toujours un attentat et un crime. Dieu n'a pas voulu que la société reposât un instant sur le droit du plus fort, la haine et la vengeance, mais sur la justice, l'amour et la raison. Si Jésus avait résisté dans le sens de la *déclaration*, jamais le christianisme n'aurait conquis le monde. Luther a résisté, et ses amis ont été massacrés par les Anabaptistes, ses disciples. Mirabeau a résisté, et ses collègues ont été assassinés par les Girondins, ceux-ci par les Jacobins, ceux-ci enfin par les Thermidoriens. Ces derniers ont-ils sauvegardé les droits?

La résistance ne devient sacrée que lorsqu'elle est l'expression de la justice nationale; lorsque tout un peuple, uni de foi, de sentiment et de raison, défend ses droits en défendant ses devoirs. Encore faut-il que sa cause soit juste, qu'elle représente le progrès, la religion pacifique et la vérité, mais non un parti violent qui, sous prétexte de patriotisme et de défense nationale, cherche à usurper le pouvoir par l'exercice d'un despotisme brutal. Quand une nation, manquant à ses devoirs, a usé du droit du plus fort envers une autre nation, dans le but de lui imposer sa volonté, elle a beau faire appel à tous les grands sentiments de l'âme et du cœur, elle aura toujours son Waterloo!

« La liberté, poursuivent les disciples de Voltaire et de Rousseau, consiste à pouvoir faire tout ce qui ne nuit pas à autrui. »

Misère !

La liberté consiste à pouvoir faire son devoir partout et toujours. Ce n'est que par cette liberté, que tout le monde reste libre.

Est-ce que le suicide nuit à autrui ? L'homme est-il libre de s'abandonner à un vice, parce que ce vice ne fait du mal qu'à lui-même ? L'homme serait donc libre de ne pas travailler, de s'enivrer, de se débaucher, parce que du premier coup cela ne nuit pas à autrui ! La société le laisserait faire jusqu'au moment où il vole et assassine. Belle société. C'est cependant la nôtre, telle que nous l'ont faite les hommes du droit absolu. On voit bien que les auteurs de la *déclaration* l'ont rédigée en l'absence de Dieu, qui n'était pas avec eux.

Voyons où ils arrivent :

« *L'exercice des droits naturels de chaque homme n'a de bornes que celles qui assurent aux autres membres de la société la jouissance de ces mêmes droits.* »

Ainsi, d'après cette conséquence, logique du reste, la propriété ne serait un droit sacré, qu'autant que tout le monde serait propriétaire. Puisque ma part de propriété peut empêcher mon voisin d'en avoir autant; puisqu'avec chaque affaire, je fais concurrence à un autre membre de la société; puisqu'enfin il est toujours des droits résultant des devoirs, *inaccessibles* à certains hommes, précisément parce qu'ils n'ont pas la qualité de remplir ces devoirs!

Mettez un homme d'ordre et de travail à côté d'un homme médiocre et paresseux. L'un, faisant son devoir, devient riche et finit par acheter le patrimoine du voisin qui, n'ayant point travaillé — ce qui n'est pas défendu par la loi du droit — a laissé venir la misère.

Ce paresseux aurait-il le droit de réclamer son héritage vendu, parce que la propriété de l'homme de travail aurait nui à la sienne?

Ah! dira-t-on, la société peut et doit forcer chacun de faire son devoir. Tel n'est pas l'avis des philosophes de la *déclaration*.

Il n'y est pas question un instant du devoir. « Tout ce qui n'est pas défendu par la loi, dit-elle, ne peut être empêché, et *nul ne peut être contraint à faire ce qu'elle n'ordonne pas.* »

Ainsi donc, la loi ne peut forcer personne de faire son devoir; ainsi donc, la loi n'est que *négative*. Elle dit ce que l'homme *ne doit pas*, jamais ce *qu'il doit* faire.

Bref, la loi n'est plus une table de Moïse, mais une borne de police. Horreur!

Une telle société, c'est la guerre civile en permanence; car personne n'étant forcé de faire son devoir, personne, non plus, ne jouira jamais paisiblement de ses droits.

Voilà un homme qui n'honore ni père, ni mère, — cela ne nuit pas au voisin; — qui ne croit pas en Dieu, — cela ne nuit pas à autrui; — qui ne travaille pas, — cela ne nuit pas au voisin; — qui mange son blé en herbe, qui s'enivre, s'adonne au vice et à la débauche, — cela ne nuit pas à autrui. Où croyez-vous qu'il arrive? Jouira-t-il de ses droits que vous lui avez assurés sur votre pacte d'enfer? Où bien, ceux qui font leurs devoirs, qui travaillent, qui respectent Dieu et la loi, seront-ils forcés de le vêtir, de le nourrir et de lui ériger des ateliers nationaux?

Les ateliers nationaux, c'est bien là la conséquence forcée du système prôné depuis un siècle par les philosophes du droit absolu. C'est le communisme, dernier mot de la *Déclaration des droits de l'homme;* c'est la glorification de tous les vices, de tous les *crimes*, de toutes les folies de Satan.

III.

Toutes ces conséquences viennent d'une erreur capitale, première cause efficiente. Parce que les rois et les prêtres n'ont pas toujours fait leurs devoirs, les écrivains athées du XVIIIe siècle, oubliant les leurs, ont cru pouvoir prêcher le droit de révolution. Comme si la mort était un remède contre la maladie, parce qu'elle la fait disparaître. Or, si le despotisme est une maladie, l'anarchie est la mort, et l'appel aux droits absolus conduit partout et toujours à l'anarchie.

Il est vrai qu'ils ont voulu aller seulement jusqu'à un certain point. Mais l'erreur est prolifique et d'une logique meurtrière. Jamais elle ne pardonne. C'est un enfant qui tue toujours sa mère en couche. Que le diable te prenne par un cheveu, a dit un grand poëte moral, et tôt ou tard tu seras à lui corps et âme.

L'individu peut revenir de ses erreurs, mais il ne fait pas revenir les disciples que cette erreur a engendrés, et les disciples du mal pullulent comme des insectes. L'histoire, charte divine, est là pour le prouver. Tout doctrinaire du droit est gros d'un révolutionnaire, tout révolutionnaire d'un démocrate, tout démocrate d'un jacobin, tout jacobin d'un communiste, et tout communiste d'un million de despotes.

Les doctrinaires du droit, même les plus modérés, qui, après avoir professé des principes révolutionnaires, se raidissent contre les conséquences, sont, non-seulement des despotes malgré eux, forcés de mettre la violence à la place de la justice, mais encore ils ressemblent à des médecins qui, ayant ordonné par erreur une dose de poison, tuent leur malheureux client par deux doses de contre-poison. Même si le malade en revient, il a perdu ses forces, sa vigueur et sa santé.

Dans une telle société, l'homme est plus malheureux que l'animal, car celui-ci a un instinct de travail et d'ordre qui manque à l'homme sans raison et sans devoir.

Dans une telle société, tout roule sur une pente de haut en bas. Le ciel est précipité sur la terre, l'intelligence est sacrifiée à la matière, l'âme au corps, la morale éternelle au succès du moment, la vertu à l'habileté.

L'homme, au lieu de s'élever par le génie, le dévouement et le devoir vers tout ce qui est beau, grand et immortel, ravale tout à son niveau matériel. Pour peu que ce niveau représente encore une certaine hauteur, il sera forcément abaissé jusqu'à celui du dernier des crétins, et finalement jusqu'à la brute.

Dans une telle société enfin, le pouvoir,

si haut qu'il soit placé, au lieu d'attirer à lui les intelligences ascendantes, est tôt ou tard entamé par la tourbe de médiocrités remuantes qui, ne pouvant s'élever jusqu'à lui, préfèrent le renverser pour n'avoir plus qu'a se courber. A peine agenouillées pour le ramasser dans la boue, d'autres marchent dessus, jusqu'à ce que tout soit nivelé, jusqu'à ce que tous soient couchés à plat ventre, rampant, se vautrant à leur aise dans la vase et dans le sang révolutionnaires.

« Ce n'est pas la mort qui est douloureuse, a dit Montaigne, mais le *mourir.* »

C'est l'état d'une nation gouvernée par les principes du droit révolutionnaire. Elle est dans un *mourir* perpétuel.

LA SOCIÉTÉ DU DEVOIR.

I.

Autant la société du droit absolu repose sur la matière et la force brutale, autant la société du devoir est basée sur l'intelligence et la justice.

Toutes les négations du droit se transforment en affirmations dans la société du devoir. Du despotisme elle fait l'autorité, symbole de justice, modèle de travail. La passion des sens, purifiée par l'âme, devient amour et vertu, l'incendie est réduit à la lumière, le glaive se change en soc de charrue; l'ordre s'identifie avec la liberté; la mort même, néant dans une société sans foi et sans devoir, se transfigure en éternité et immortalité.

C'est la société divine revélée par Moïse, complétée par le Christ; c'est la société chrétienne dans toute sa pureté, dans toute sa poésie, seule susceptible des progrès de la raison et de la liberté.

Cette société laisse et garantit à la matière tous ses droits, précisément parce qu'elle les subordonne aux devoirs de l'âme; véritable emblême du corps humain, animé et guidé par la lumière réchauffante et resplendissante de l'intelligence. Sans cette lumière, sans cette intelligence, le corps n'arriverait pas à la moitié de son développement naturel, absolument comme la société matérielle du droit se consume et se suicide avant d'arriver à la virilité.

La société du devoir tend à la liberté universelle par la liberté individuelle de chacun. Si chaque membre d'un état parvient à faire partout et toujours son devoir, à subordonner les passions de la matière à la raison de l'intelligence, l'ordre et la liberté sont à jamais assurés. C'est là, en effet, le but, le rêve et l'avenir de la société chrétienne. C'est là où tend l'esprit humain.

Toutefois, pour être possible, même comme rêve, il faudrait que l'homme soumît sa raison individuelle à la raison suprême du législateur divin. Il n'y a point d'égalité autre que celle du devoir et de la loi. N'importe dans quel temps, Dieu, pour se manifester au peuple, crée toujours des hommes d'élite, qu'il envoie sur cette terre en qualité de missionnaires. De même que le corps humain, l'humanité, corps collectif, est double. C'est à ce contraste qu'est due l'harmonie universelle, produite par des groupes d'hommes, dont les uns représentent l'intelligence et les autres la matière collective. Certains hommes sont les véritables âmes de l'humanité. D'autres, et c'est la majorité, n'en sont que les membres corporels. Ceux-là pensent, ceux-ci travaillent. Ceux-là conduisent, ceux-ci marchent. Ceux-là, d'immatériels qu'ils étaient, descendent sur la terre pour s'assimiler aux passions humaines, afin de les embellir et de les diviniser; ceux-ci, d'inorganisés qu'ils étaient, s'animent au souffle divin de l'intelligence, s'élèvent et s'immortalisent par ce contact. Ce qui fait que les grands hommes de l'humanité, véritables âmes collectives, se sacrifient pour les hommes ordinaires, qui seuls gagnent à cet accouplement.

Les premiers représentent le sacrifice, les seconds, la rédemption.

II.

De temps à autre, la matière dans le corps et la masse dans la société, cherchent à se révolter contre cette suprématie de l'intelligence. Parce qu'on leur a insufflé une partie divine, ils s'érigent eux-mêmes en dieux, se fabriquent des ailes pour s'élever jusque dans les hauteurs du génie et de la raison révélée. Mais, véritables Phaëton, ils tombent misérablement avant d'avoir pu quitter la terre.

Les ailes de la société et du corps humain, sont : l'âme et l'intelligence, la vertu et la loi. Ce sont les seules puissances motrices pour s'élever vers les régions divines du ciel. Tous les moyens matériels pour grandir l'homme sont vains et puérils. Cent mille hommes de doute et de droit brutal posés l'un sur l'autre, n'atteignent pas à la hauteur d'un seul homme de foi et de devoir, pas plus que cent pygmées, grimpant l'un sur l'autre, ne font un géant!

Les législateurs divins ont donc commencé par tracer à l'homme ses devoirs, en lui prescrivant ce qu'il doit faire pour jouir de tous ses droits, de toutes ses libertés. Avant de mettre l'humanité en route, ils lui ont montré le but à atteindre, et ce but est assez élevé pour être vu par le plus petit des humains.

Mais, comme il y aura toujours des hommes exclusivement matériels, dans lesquels l'intelligence n'est pas assez développée, ni même susceptible de développement, force a été de sauvegarder les droits de tous, en donnant à la société le pouvoir d'obliger les récalcitrants de faire leur devoir, pour leur bien et pour celui d'autrui; car il suffit que plusieurs membres de la société puissent manquer à leurs devoirs, pour compromettre les droits de la société entière.

Il suffit que le plus petit des nerfs ne fonctionne pas, pour entraver le mouvement régulier du corps humain. Si le membre rebelle ou corrompu est jugé nuisible à l'organisation entière, l'intelligence, en le coupant, remplit un devoir. De même la justice a le droit, ou plutôt le devoir, de condamner les membres de la société, compromettant la marche progressive et pacifique de ses mouvements. C'est sur ce devoir que repose la justice sociale, représentant l'autorité.

Il est du devoir de l'autorité, revêtue du sacerdoce de la justice, de servir d'exemple au corps social. Le glaive qu'elle tient en main pour punir les prévaricateurs, doit en même temps servir de guide flamboyant dans le chemin du progrès. Mais parce que l'autorité manque à ses devoirs — ce qui arrive souvent dans la marche pénible et lente de l'humanité, — il n'est pas permis aux autres membres de la société de manquer aux leurs. La seule voie de salut contre un pouvoir tyrannique et injuste, est de le confondre par la vertu et la justice. On ne détruit le mensonge que par la vérité. On ne foudroie l'abus de la force brutale, que par l'éclat de la force morale. On combat le froid par la chaleur, et les ténèbres par la lumière. Dieu ne veut pas qu'une injustice soit anéantie par une autre, que la violence puisse être détruite par la violence, que la matière soit tributaire de la matière, que le mal puisse disparaître par le mal, que le despotisme soit écarté par l'anarchie. Si cela était possible, la justice n'apparaîtrait jamais ici bas; l'âme serait la servante de la matière, le ciel, le laquais de la terre; Dieu enfin ne serait pas Dieu.

C'est lui qui s'est réservé la justice suprême. Il se peut qu'un tyran disparaisse par une révolution sanglante. Le vaincu a été jugé, mais le soi-disant vainqueur, peuple ou individu, n'ayant été que l'instrument divin, ne jouira jamais de sa victoire. Outil de destruction, il n'arrivera jamais à la réédification. Il a renversé, il faut qu'il soit renversé. Il a tué, il faut qu'il soit tué. Il a usé de violence, il périra par la violence. Au lieu de glorifier Dieu et les hommes par la vertu, le dévouement et le devoir, il a, au nom du droit matériel, lâché les digues retenant les passions brutales; il en sera le premier submergé.

Qu'il oppose, au contraire, la justice à un gouvernement injuste; qu'il ait du dévouement et de l'abnégation, en face d'un pouvoir usurpateur et corrompu; qu'il fasse resplendir l'éclat de l'âme au milieu des ténèbres morales qui l'environnent; qu'il glorifie la liberté et l'immortalité par le mépris de l'adversité, de la mort même, vis-à-vis des hommes de chair, de doute et de despotisme, esclaves de leur matière, adorateurs de leur poussière;—et, par cette protestation divine, non-seulement il sauvera la justice et la liberté, mais son ombre seule suffira, durant des siècles, pour terrifier les ennemis de Dieu et du peuple, jusque dans leurs dernières générations.

On ne domine les hommes que par le devoir.

On ne triomphe de la tyrannie que par la vertu.

On n'acquiert la liberté que par l'affranchissement de soi-même.

Enfin, on ne vit en homme qu'en sachant mourir comme un Dieu!

Qu'on n'aille pas dire que cette société modèle est un rêve politique. Non. Elle est devant nous, créée par Dieu et révélée aux hommes. Elle est, non-seulement possible, mais nécessaire, indispensable.

Certes, tous les hommes ne feront pas leur devoir, mais qu'un seul, entre des millions, fasse le sien, il n'en faut pas davantage pour vaincre l'injustice, renverser l'usurpation et confondre la corruption. Une seule âme vertueuse, transparente et rayonnante, suffit pour montrer aux hommes la noirceur, la laideur, le néant de tous les corps vicieux et opaques, absolument comme une seule étoile éclaire la nuit.

III.

Or — et nous voilà arrivé à la définition politique de ces deux sociétés — si la société du droit absolu, ayant la matière pour base, et l'égalité pour clé de voûte, conduit forcément à la démocratie égalitaire, c'est-à-dire au communisme et au despotisme brutal, la société du devoir, fondée, non sur le droit AU, mais sur le devoir DU travail, partant, sur la propriété et l'hérédité, conduit logiquement à l'hérédité du pouvoir, qui, représentant l'ordre, garantit la liberté, favorise le progrès, fortifie la justice et crée la prospérité sociale par la paix et le crédit.

En d'autres termes, l'hérédité a été instituée par les devoirs pour garantir les droits du peuple et de la société.

La société du droit, c'est le démon de la démocratie.

La société du devoir, c'est le génie de la monarchie, d'abord héréditaire, puis représentative.

L'hérédité du pouvoir est tellement liée

à l'essence de la société du devoir, que, sans l'hérédité, la société a partout été frappée de stérilité.

Nulle part le pouvoir électif n'a produit que le servage, le despotisme ou l'anarchie.

Tous les droits politiques du peuple, toutes ses libertés, toute sa prospérité, son existence même, sont dues à l'institution de l'hérédité du pouvoir; institution contenue dans l'œuf du devoir.

L'hérédité du pouvoir a partout été le centre de gravité, où aboutissent tous les devoirs, d'où jaillissent tous les droits du peuple. Là où les hommes n'ont pas obéi à cette impulsion logique, le peuple, malgré la révélation chrétienne, est resté serf; ou bien, se heurtant contre le principe du devoir même, il l'a anéanti pour tomber dans l'abîme de la société du droit révolutionnaire.

L'hérédite du pouvoir est essentiellement chrétienne. Elle est une partie intégrante, indispensable de cette loi de liberté, de progrès et d'émancipation. Elle est tellement liée à son principe, qu'elle ne peut être renversée sans entraîner avec elle d'un côté, le principe de l'ordre même, de l'autre, les fruits de son existence : la liberté et le progrès.

L'hérédité, tenant le milieu entre l'ordre et la liberté, leur sert de clé de voûte. C'est elle qui constitue la trinité politique du christianisme.

L'ordre, fondé sur les devoirs du travail, en est la base. L'héridité, retenant ce corps de bâtiment, s'élance, et produit la liberté qui en est le couronnement.

La liberté est à l'hérédité, ce qu'est la beauté à la vérité : sa fleur et sa splendeur.

LE TRAVAIL. — LA PROPRIÉTÉ. — L'HÉRÉDITÉ.

I.

Il est un Dieu, et c'est un bonheur pour l'humanité, car les philosophes révolutionnaires ne l'auraient pas inventé.

Or, Dieu, dans sa sagesse, a mis dans la création une loi d'harmonie universelle basée sur l'attraction des contrastes, sur l'union des inégalités. Cette loi se trouve partout, depuis le fétu jusqu'à la planète.

Tout dans la nature s'attire, s'accorde et s'unit par les dissemblances; tout se conserve et se propage par la même loi.

L'homme, dans toutes ses parties, n'est qu'un accouplement des contrastes inégaux. Il n'existe tout d'abord que par la réunion de l'âme et de la matière; deux contrastes flagrants qui semblent s'exclure — car l'une est mortelle, et l'autre ne l'est pas — mais qui, précisément à cause de cette inégalité, forment ensemble un être parfaitement harmonique. L'amour suit la même loi. C'est une réunion de deux contrastes de sexe ; de même le soleil et la lune, produisant l'harmonie du jour et de la nuit, sont dissemblables, bien qu'ils concordent par une parfaite harmonie. La société repose sur cette même base fondamentale. Elle n'existe que grâce aux inégalités contrastantes que Dieu a mises dans la nature de l'homme; inégalités qui, en se réunissant, produisent un ensemble harmonieux, pour peu que chacun, comme partie, fasse son devoir, c'est-à-dire fonctionne dans sa spécialité à lui assignée par la nature.

Si Dieu avait voulu rendre les hommes insociables, il les aurait tous créés égaux en force, beauté et talent. De cette manière l'homme n'aurait jamais consenti de vivre avec son voisin. Chacun aurait fait la même chose et l'aurait faite tout seul.

Qu'on se figure un jardinier excluant de son jardin toutes les fleurs, à l'exception des roses. Ou bien, qu'on s'imagine une société composée exclusivement soit de poëtes, soit de soldats, soit de manœuvres, ayant chacun le même esprit, la même taille, les mêmes passions. C'eut été un enfer d'ennui, car personne n'aurait travaillé. Quand cent hommes vivant ensemble doivent faire la même chose l'un pour l'autre, aucun ne travaille, chacun s'en rapportant à son voisin.

Dans sa miséricorde, Dieu, faisant du travail la mission principale de l'homme, a créé l'inégalité dans toutes les parties, dans toutes les aptitudes, dans toutes les formes humaines; égalité, qui seule contribue au perfectionnement de l'homme, qui seule établit des degrés d'ascension vers Dieu. Par l'inégalité, l'homme d'en bas s'élève et progresse; par l'égalité, l'homme d'en haut descend et recule. L'égalité dans la nature humaine ne serait possible qu'autant que le génie serait mis au niveau du crétinisme.

II.

Comme tout dans la vie humaine, le travail est double. Etant créé à l'image de Dieu, l'homme, comme son créateur, a l'amour de la création; amour qui se manifeste par le travail. Mais, étant à la fois matière et esprit, le travail de l'homme tient de ces deux genres. L'un, celui de l'esprit, l'acte de création qui rappelle l'origine divine, est attrayant et procure une jouissance céleste; l'autre, purement matériel, dérive de la chute de l'homme et ne peut exister qu'en qualité de devoir. Cette dualité du travail est si intime, que la conception la plus pure et la plus immatérielle de l'homme ne prend forme qu'en passant par le moule du travail matériel, Quoi que fasse l'homme, qu'il s'élève vers l'empyrée, ou qu'il s'abaisse vers l'abîme, une voix lui crie toujours : Poussière tu es, et poussière tu seras !

Dans cette mission collective du travail, les parts sont complètement inégales. Un homme auquel Dieu a donné une âme d'élite et déjà éprouvée n'est pas destiné à s'occuper exclusivement du travail matériel, bien qu'il lui paie un tribut assez large; d'autres hommes, au contraire, naissent avec des qualités si inférieures qu'ils sont forcément destinés au travail matériel, sauf une part spirituelle remplie par la religion et la foi.

Or, le travail matériel, requérant dans la société des milliers d'hommes contre un seul travailleur intellectuel, Dieu, dans sa sagesse, a créé des milliers de médiocrités, contre un seul créateur, c'est-à-dire contre un seul homme de génie.

Cette loi est rigoureuse et ne subira jamais aucun changement. On peut, par des moyens sanitaires, prolonger la vie des hommes; on peut, moyennant des lois et de l'organisation, procurer aux travailleurs un plus grand salaire, de plus grandes jouissances matérielles ; on peut embellir l'espèce humaine par le changement du climat, par l'accouplement de certaines races; on peut encore, grâce aux machines, alléger le travail et le rendre moins pénible, mais, malgré toutes ces améliorations, et en dépit de tout le développement de l'instruction, il sera à tout jamais impossible de créer un seul homme de talent, un seul homme de génie de plus. L'éducation sociale, peut mettre le génie naturel dans un plus beau jour, pour en tirer de meilleurs fruits, mais quoi que fasse la société, qu'elle soit riche ou pauvre, instruite ou ignorante, il y aura toujours dix millions de médiocrités contre un millier d'hommes de talent, contre un seul homme de génie.

Le génie n'a pas besoin de régner pour gouverner. Sa mansarde est un palais, sa pensée une révélation, sa plume un sceptre. Lui-même paie les voluptés de la création divine par des douleurs d'un autre genre; car l'homme, hélas! quelle que soit sa grandeur, n'a pas été créé pour le bonheur. Il n'est pas de bonheur passager sur cette terre, qui ne se paie par une souffrance. La vie terrestre ne sera jamais qu'une préface à la vie éternelle. Si faible que soit l'homme, il supporte avec moins de danger la souffrance que la jouissance.

On peut dire que le malheur est l'engrais de l'âme, produisant des fleurs célestes.

Sept huitièmes des hommes sont créés pour exercer des travaux manuels. Leur bonheur, leur condition vitale dépend de ce travail. La différence entre eux n'existe que pour le plus ou le moins dans les diverses spécialités; seul progrès que la société peut accomplir envers eux. Quant au travail en général, il sera toujours impossible de le rendre attrayant autrement que par le salaire qu'il rapporte; salaire attrayant seulement par la création de la propriété qu'il représente. Celui qui a inventé le soulier a été un homme de génie, mais le cordonnier qui le fait aujourd'hui, même quand il fait de mauvais vers dans ses moments perdus, n'est qu'un homme ordinaire, destiné par la nature à devenir tailleur ou cordonnier et à s'élever par la propriété attachée à ce travail.

A moins qu'il n'ait donné la mesure de son génie — et le génie la donne toujours — il sera impossible d'en faire un grand homme, quoi qu'en disent les utopistes, qui s'appellent Josse, sans vouloir exercer leur état d'orfèvre.

On objectera qu'il y a des enfants riches qui, bien que dénués de grandes qualités naturelles, ne travaillent pas et font exception à la loi générale. Ceci rentre d'abord dans la loi primordiale de l'hérédité, sans laquelle il n'y a ni travail, ni propriété; loi basée sur la nature. L'enfant, en effet, hérite et du travail, et de la vertu, et de la santé des parents. Toutefois, aucune fortune de famille ne se soutient sans travail. Si riche que soit un père, s'il n'a pas donné des vertus à ses enfants, ou que Dieu ne leur ait pas accordé des talents, ils seront tôt ou tard forcés de descendre l'échelle. Très-souvent, dans la société, les enfants des pauvres s'enrichissent, s'enoblissent par la pensée et le travail, tandis que les enfants des riches s'appauvrissent, s'abaissent par l'incapacité, le vice et la paresse, parfois par la destinée, c'est-à-dire par la loi mystérieuse de l'hérédité. Une fortune mal acquise se soutient rarement, même avec le travail et l'ordre.

Quant à l'exploitation du travail par l'argent, c'est-à-dire du travail d'avenir par le travail du passé, nous verrons bientôt que, s'il y a des abus, ils portent en eux leur propre remède. Dans une société d'ordre et de travail, la propriété s'accumule bientôt à un point où, loin d'exploiter le travail, elle sera forcée de lui faire la plus belle part.

Le travail donc, n'est pas un *droit* mais un *devoir*. Si la société veut exister, il faut qu'elle puisse forcer l'homme de travailler, sauf à lui assigner la place que la nature a marquée d'avance. Et si la ruche est trop petite pour donner du travail à tous, il faut que cette société puisse forcer les jeunes essaims à se chercher d'autres colonies, à s'adonner à d'autres travaux, à se créer d'autres propriétés. Autrement, il n'y a pas de société possible. La plupart des hommes, se croyant du talent, cherchant à s'émanciper du travail manuel pour vivre du travail intellectuel, quitteront la bêche, la vrille et le rabot pour la plume, le compas, le pinceau, et surtout pour la parole. Puis, ne pouvant gagner leur vie, ne créant rien, et ne voulant plus descendre dans leur sphère naturelle, au lieu de s'en prendre à leur médiocrité intellectuelle, souvent à leurs vices et à leur paresse, ils s'en prendront à la société et la renverseront pour s'en servir de marche-pied. Cela ne leur suffit pas encore. Se heurtant contre la nature et Dieu, ils violenteront la première, et mettront leur chétive raison à la place du second, jusqu'à ce qu'ils s'écroulent dans l'abîme du néant, non sans avoir laissé derrière eux des ruines et des traces ineffaçables du sang humain.

III.

C'est sur cette loi générale du travail que repose la propriété, création divine, puisque, accessible à tous par le devoir, elle spiritualise le travail matériel et l'élève jusqu'à la hauteur de la vertu.

En effet, parmi les qualités inégales de la nature, il en est que l'homme ne peut pas atteindre. Il est impossible à l'homme né difforme et médiocre de devenir beau et ingénieux. Seule, la vertu, beauté et force morale, est accessible à tous dans certaines limites; car la vertu touche à Dieu, et Dieu se manifeste dans toute l'humanité, depuis le dernier échelon jusqu'au premier.

Or, le rang que tient la vertu dans le monde moral, la propriété le tient dans le monde matériel. Seule, elle est accessible à toutes les inégalités, du moins dans certaines mesures; et, comme la vertu, elle dépend uniquement du devoir. Seulement, de même que des âmes d'élite sont susceptibles de plus de vertu, certaines organisations arrivent plus vite à la propriété.

On peut dire que la propriété est la seule création de l'homme à l'image de Dieu. Toutes les qualités matérielles de l'homme se trouvent chez l'animal, souvent dans un degré supérieur. La propriété seule met l'homme matériel au-dessus de l'animal. Elle représente la supériorité de la matière humaine, comme la vertu représente la supériorité de l'intelligence de l'homme sur l'intelligence de la bête. Par la propriété, le travail humain se spiritualise, se divinise et devient intelligence et bonheur. L'animal travaille aussi, mais sans direction et au jour le jour. Quand il est repu, il digère et se repose. L'homme, au contraire, grâce à la propriété, insuffle une âme à son travail et le rend infini comme l'esprit.

Aussi, tout dans la société pivote sur cette création. Qu'on ôte la propriété à l'homme, et du coup on paralyse toutes ses forces, toutes ses qualités. Il n'en reste qu'un squelette de brute.

La propriété est donc divine, aussi divine que la pensée qui l'a créée, aussi pure que la vertu, cette propriété de l'âme.

IV.

En créant la propriété, les hommes toujours en suivant Dieu, l'ont déclarée *hérédi-*

taire, car l'hérédité n'est pas une institution, c'est une loi générale de la nature.

La plante hérite des qualités de sa productrice, l'animal hérite de la force de ses procréateurs, l'homme enfin, supérieur aux plantes et aux animaux par la raison et la propriété, étend son héritage sur les deux domaines. Non-seulement les parents lui transmettent leurs qualités physiques, mais encore la bénédiction ou la malédiction de leurs vertus ou de leurs vices.

Il n'est point de peuple qui ait nié cette transmission morale.

Seul, le génie n'est et ne saurait être héréditaire, *car le génie est l'élu de Dieu.*

Toutefois, les enfants, tout en héritant des biens physiques et moraux de leurs pères, ne peuvent ni ne doivent être déliés des devoirs du travail et de la vertu. L'hérédité ne favorise pas les uns aux dépens des autres. Elle sert d'exemple, mais le chemin du bien est infini comme Dieu. Si grand que soit l'homme, il peut toujours agrandir son esprit et son âme; si bon qu'il soit, il peut toujours devenir meilleur. Les plus belles qualités héritées se vicient et se perdent bien vite sans la pratique du devoir. La plus belle fortune disparaît sans travail et sans ordre. En outre, pour être grand et illustre, le sage n'accapare pas la sagesse pour empêcher les étourdis de devenir sages comme lui. Il en est de même de la propriété. Si riche que soit l'homme, il ne doit jamais empêcher le pauvre de devenir riche comme lui. Au contraire; il n'a acquis de la fortune que pour tracer la voie aux autres.

C'est une des plus grandes erreurs de croire et de faire accroire, que les riches empêchent les pauvres d'acquérir de la propriété. La propriété s'acquiert par le travail et l'ordre, comme la sagesse s'acquiert par l'étude et l'observation. L'une est aussi infinie que l'autre; il n'y aura jamais ni trop de propriété, ni trop de sagesse, ni trop de vertu.

On a beaucoup parlé de l'exploitation de l'homme par l'homme, de l'organisation du travail, et de tant d'autres choses que personne ne veut réduire à la simple vérité. Certes, la propriété peut avoir des abus.

Tout bien ici-bas qui transgresse ses limites tourne en mal.

Les abus de la propriété sont l'usure et l'avarice.

Mais ces abus ne viennent nullement de l'abondance de la propriété; au contraire. Le travail n'est tributaire de la propriété que parce qu'il n'y a pas assez de propriétés; que parce que l'existence en est à tout instant compromise par les guerres et les révolutions, par le despotisme et l'anarchie.

La propriété n'étant que du travail accumulé, toute guerre entre le travail et la propriété est une guerre civile, ou les victoires mêmes sont des défaites. Ce sont des poussins qui font la guerre aux coqs et aux poules. Quoi qu'ils fassent, ils tendent eux-mêmes à devenir poules et coqs, et, s'ils font disparaître les vieux, ils n'en seront que plus vite mangés.

Dès que le travail impose ses lois à la propriété, celle-ci disparaît, et sans propriété, point de travail. Le travail n'a qu'une prétention divine et juste : celle de devenir propriété. Or, pour y parvenir, il n'y a qu'un moyen : c'est de faire qu'il y ait tant de propriété, que le travail puisse lui imposer ses conditions. En effet, plus un pays est riche, moins l'argent rapporte, plus vite il sera forcé de se soumettre au travail et de lui faire la belle part; car l'homme ne s'arrêtera jamais dans son travail; c'est sa destinée. Il a été créé pour créer. Le travail s'organisera tout seul, comme il s'est affranchi tout seul. Son émancipation date de la propriété. C'est encore par la propriété qu'il sera organisé.

On a dit de la philosophie, que peu fait douter de Dieu, et que beaucoup en approche. Il en est de même de la propriété vis-à-vis du travail.

C'est le peu de propriété et de richesse sociale qui fait douter du travail. Quand il y en aura beaucoup, le travail sera complètement émancipé et rétribué comme il le mérite.

Il n'y a point d'autre moyen d'organiser le travail. Le remède, comme en tout, est dans le mal même. Plus on fera la guerre à la propriété, plus le travail sera malheureux.

Plus on attaquera l'hérédité, c'est-à-dire le travail du passé, moins il y aura du travail du présent et encore moins du travail d'avenir représenté par le crédit. Ceux qui font la guerre à la propriété, sont ou des imbéciles ou des scélérats qui, ne faisant pas leurs devoirs, désirent jouir sans travailler. Vain mirage. Cette jouissance même ne serait que momentanée. Aujourd'hui ivres, demain affamés. On leur donnerait du reste toute la fortune d'un Crésus, ils la gaspilleraient en plusieurs mois. C'est le propre des ennemis de la propriété de n'avoir aucun esprit d'ordre. Ils gaspillent jusqu'à leur talent. Ce sont des frelons, ennemis naturels des abeilles.

V.

La propriété donc est divine et indestructible, mais elle n'est rien sans hérédité. La propriété spiritualise le travail, l'hérédité, qui en assure le fruit, le rend pour ainsi dire immortel.

C'est elle qui constitue la famille et la

patrie. Elle est enfin une émanation de la divinité qui s'en sert dans ses voies de justice, de rémunération et d'expiation. La même parole de Dieu qui crie à l'homme : « A la sueur de ton front tu mangeras ton pain, » lui dit : « Si tu suis mes lois, si tu fais ton devoir, si tu es juste, si tu aimes Dieu et ton voisin, tu auras tout en abondance, tes terres seront toujours fertiles, tes vignes fleuriront, et la bénédiction du ciel s'étendra jusqu'à tes enfants. » Le Christ y a ajouté : « Tu auras le royaume du ciel, » ce qui est encore une propriété.

Sans la propriété héréditaire, il n'y a point d'enfants, il n'y a que des petits.

Sans elle, il n'y a point d'époux. Il n'y a qu'un mâle et une femelle.

Sans la propriété, il n'y a point de patrie, il n'y a qu'un gîte.

Sans elle, il n'y a ni travail, ni dévouement, ni passé, ni avenir, ni homme, ni Dieu.

La propriété n'est pas une institution, mais une *révélation*. Dieu, en disant : « Créons l'homme à notre image » a créé en même temps l'homme et sa propriété. Tous ceux qui ont nié la propriété ont été forcés de nier Dieu. Mais il ne suffit pas qu'on le nie pour qu'il ne soit pas, et aussi longtemps que Dieu *sera*, la propriété *existera!*

L'ORDRE. L'HÉRÉDITÉ DU POUVOIR.

I.

Marchant dans cette voie naturelle et tracée de l'hérédité de la propriété, basée sur les inégalités et le progrès continu, les hommes, poussés par la logique, qui est le Verbe divin, ont institué l'hérédité du pouvoir, comme PIVOT D'INÉGALITÉ de l'hérédité de la propriété.

Et comme par la propriété, l'hérédité du pouvoir garantit le travail, elle seule représente l'ordre, père de la liberté.

Cette institution, loin d'être fortuite, a été nécessaire, forcée, indispensable. Elle le sera aussi longtemps que la société existante reconnaîtra une loi morale et sociale. Sans l'hérédité du pouvoir, l'hérédité de la propriété et du travail accumulé ne sera qu'un édifice sans faîte ni abri. Il peut durer quelque temps en résistant aux attaques du dehors, mais à la longue, il cédera forcément et enterrera sous ses ruines tous ceux qui ont cru pouvoir le défendre du haut de ses créneaux démantelés.

Les sophistes du dernier siècle ont fait passer l'hérédité du pouvoir pour une institution égoïste, surannée, usée, faisant obstacle à la liberté. Cette erreur capitale leur a coûté fortune et vie.

Loin d'empêcher le progrès et la liberté, l'hérédité du pouvoir est l'unique institution capable de sauvegarder tous les intérêts moraux et physiques. Seule, elle peut servir de symbole d'airain pour attirer à elle toutes les capacités de la nation, et leur tracer la route ascendante qui conduit aux devoirs, aux grandeurs, aux honneurs. Seule enfin, elle donne au peuple toutes les institutions de libertés nationales, en lui assurant paix et prospérité par l'ordre, le travail et le crédit.

En effet, dès que le pouvoir n'est pas stable et inviolable par l'hérédité ; dès qu'électif, il tombe en communauté, les hommes, au lieu de s'élever jusqu'à lui, le rabaissent à l'instant jusqu'à eux. L'émulation des devoirs fait place à la lutte des droits. N'importe sous quelle forme cette lutte ait lieu, c'est toujours la guerre civile, d'abord dans les esprits, puis dans les fonctions, bientôt après dans les rues. Dès-lors, la vie naturelle de la nation s'arrête. Au lieu de travailler et de faire son devoir, elle épuise son temps et son activité en querelles de partis et de personnes. Au lieu de discuter *comment* le pouvoir doit gouverner, elle gaspillera son temps et son esprit pour savoir *qui* doit régner ; au lieu de réformer les abus par des mesures sages et fermes, elle procédera par bonds et par sauts, c'est-à-dire, par des révolutions continuelles, proclamant et sanctifiant le droit du plus fort.

Vainqueur, le pouvoir, poussé par la nécessité, confisque la liberté et usurpe les droits politiques du peuple. Vaincu, il entraîne dans sa chûte toute la société, en cessant de contenir l'anarchie, le vol, le meurtre, le pillage et l'assassinat. Tout devient alors une affaire politique. Propriété, famille, religion, vertu, raison, devouement, tout s'en va en bloc; tout disparaît sous l'éboulement général. Un pouvoir non reconnu inviolable par l'hérédité et par la légitimité dégénère forcément ou en despotisme ou en anarchie.

La logique du mal est terrible et se précipite de conséquence en conséquence. Le proverbe a dit juste : Le mal vient au galop et s'en retourne au pas.

Qu'est-ce, en réalité, que le pouvoir électif? La communauté du pouvoir, soit entre certaines classes privilégiées, soit pour la nation tout entière. Or, comme dans une société, quel qu'en soit le degré de civilisation, deux tiers d'hommes, représentant la vie matérielle, sont subordonnés à l'autre tiers, représentant l'intelligence;

comme ces deux tiers sont nécessaires au travail manuel, il ne reste que l'alternative suivante : Ou la communauté du pouvoir conduira forcément à la communauté de la propriété, ou bien certaines classes, certains partis, sous prétexte de défendre la propriété, s'empareront, de gré ou de force, du pouvoir et maintiendront le peuple dans un servage continuel. C'est ce qui est arrivé dans tous les pays de pouvoir électif, et c'est ce qui arrivera toujours; car la logique ne change pas selon les passions des hommes.

Nos démocrates, nos grands journalistes, disent que non. Ils prétendent, que là précisément est le progrès de l'humanité, que l'avenir ne ressemblera en rien au passé, que tout est changé, que la démocratie ne retombera plus dans les erremens de l'histoire, que les hommes d'aujourd'hui sont plus civilisés, plus instruits, plus avancés que les hommes d'hier. Tous ces docteurs ès-politique ressemblent au médecin malgré lui proclamant, que le cœur a changé de place.

Qu'on le sache donc, une vérité ne change

jamais, pas plus que Dieu dont elle émane, pas plus que la place du cœur.

Que demain on décrète l'instruction gratuite, qu'on donne à chaque Français des rentes et un professeur, la proportion humaine restera la même. Il y aura toujours un homme de talent contre des milliers de nullités, un homme de génie contre des millions de médiocrités. La nature ne change pas. Le progrès ne consiste pas dans l'étendue des droits, mais dans l'observance du devoir. Tout ce que vous pouvez donner à l'homme, instruction, contentement, force, talent, fortune, génie même — et vous ne le pouvez pas — la religion le lui a donné longtemps avant vous

La religion est la dot que Dieu a donnée à l'âme, quand il l'a mariée à l'homme.

L'éducation ne rend l'homme ordinaire ni plus grand, ni plus heureux. S'il est né médiocre, il a beau apprendre tout, il faut qu'il travaille pour être utile à la société; il faut qu'il fasse son devoir pour jouir de ses droits. Or, dans un pouvoir électif, tout le monde voudra jouir de ses droits, personne ne fera son devoir. Cela a toujours été et cela sera toujours; attendu que les hommes, tout en progressant, resteront toujours dans les mêmes proportions physiques et intellectuelles; attendu qu'il y aura toujours une majorité de médiocrités, représentant les membres et le corps de l'humanité, vis-à-vis d'une minorité d'intelligences supérieures, qui en représentent la tête et la pensée.

II.

Dans les anciennes républiques, le pouvoir électif n'a pu être maintenu en faveur de quelques familles de patriciens, qu'aux dépens de la liberté du peuple esclave. Les républiques d'Athènes et de Rome étaient des cités. Les habitants des provinces ne jouissaient d'aucun droit politique. Dans la ville même, les travàux étaient faits par une majorité d'esclaves. Rome ne se serait pas maintenue vingt ans, si les esclaves avaient eu le droit de suffrage. Ils auraient nommé les Gracques et Spartacus chefs du gouvernement.

Il y a plus. Malgré l'esclavage du peuple romain, en dépit du servage des provinces, Rome patricienne a eu ses Gracques, qui ont produit d'abord Sylla et Marius, puis, plus tard, Tibère, Caligula et Néron. La république de Rome n'a jamais connu la liberté. Elle flottait toujours entre le despotisme et l'anarchie.

Il en fut de même à Athènes. Durant le règne de Périclès, règne usurpé, puisqu'il ne s'est pas soumis à l'élection, la cité grecque a joui de ses libertés et a produit des hommes marquants.

Périclès tombant, entraîne avec lui non-seulement la paix et la prospérité, mais la République elle-même, qui devient la proie d'Alcibiade et de Colon pour disparaître bientôt sous le joug du despotisme.

Plus tard, l'État, malgré le christianisme, ne put se maintenir qu'avec la féodalité et le servage. Les grands feudataires, ayant été les électeurs, c'est-à-dire les communistes privilégiés du pouvoir, il a fallu des serfs pour le travail forcé, autrement la société se serait dissoute. L'émancipation du travail et de la propriété ne date que de l'hérédité reconnue de la royauté. Du moment seulement que le roi est mis au-dessus des électeurs, que le pouvoir, garanti par un principe, institue l'ordre en dehors des atteintes des hommes, la liberté vient lentement mais d'un pas ferme; le travail s'affranchit par la propriété héréditaire; le servage disparaît, et la France devient une nation.

Partout où la propriété a surgi par l'émancipation du travail, elle est redevable à l'hérédité du pouvoir. Nulle autre institution n'a pu lui donner une existence propre. Le christianisme avait beau proclamer l'émancipation des esclaves et des serfs, aucun peuple chrétien qui a gardé le pouvoir électif n'a pu y parvenir. Témoin la Pologne. Bien que catholique, elle a conservé le servage avec son pouvoir électif. Témoin la Hongrie qui n'a songé à émanciper ses serfs qu'avec le pouvoir héréditaire. Témoin encore l'Amérique qui garde ses esclaves pour ne pas compromettre son pouvoir électif. Les paysans polonais et hongrois n'ont acquis de la propriété que du moment où ils ont été soumis à un pouvoir héréditaire. Jamais la noblesse féodale de la Pologne n'aurait affranchi ses serfs, à moins qu'elle n'eût adopté et proclamé le communisme, comme cela est arrivé dans les derniers temps. L'empereur de Russie, poursuivant l'affranchissement des serfs, ne parviendra à son but que lorsqu'il n'aura plus rien à craindre de la noblesse féodale russe et polonaise.

III.

Or, un pays qui, grâce au pouvoir héréditaire du passé, n'a plus ni esclaves, ni serfs, ne saurait en aucune manière se donner un pouvoir électif, à moins de compromettre la propriété et de la déclarer élective à l'image de son pouvoir.

Car le pouvoir électif par le suffrage universel, étant une part du pouvoir donnée à chaque votant, la masse, instruite ou non, ne travaillant que forcée par le devoir, préférera toujours s'emparer du travail et de la propriété d'autrui, au nom de son prétendu droit. Pourquoi ne le ferait-elle pas? Pourquoi, dès qu'elle est appelée à déléguer tous les trois ans sa part de pouvoir, ne déléguerait-elle pas sa part de propriété collective? Et si le pouvoir n'est pas lui-même inviolable, en dehors des prétentions du premier venu, pourquoi la propriété le serait-elle? Où est son droit?

Où est le pivot d'inégalité et de devoir qui force chacun à devenir propriétaire par le travail et le devoir? On aura beau prêcher la nécessité, la sainteté de la propriété, tôt ou tard cette masse souveraine fera un pacte avec un de ses flatteurs, homme de droit et ne remplissant aucun de ses devoirs, qui lui criera : « Plus d'esclavage! plus de travail manuel! plus de salaires! plus de priviléges! plus de propriété! Vous êtes tous des rois, vous êtes tous des dieux égaux. C'est vous qui êtes les maîtres; c'est vous qui êtes l'intelligence, la force, la beauté, l'élite du pays. Personne n'a le droit de posséder quoi que ce soit, à moins que vous ne le possédiez également. Qu'est-ce que l'esprit, la beauté, l'intelligence, la vertu, sinon un signe de plus pour être vos très-humbles serviteurs. Tout est égal, tout est à tous. Plus de supérieurs ! plus de maîtres ! plus d'aristocrates ! Tout est en commun, fortune, travail, esprit, génie, plaisirs, pouvoirs, tout, jusqu'aux femmes, jusqu'aux félicités et aux souffrances de l'âme. Dieu lui-même n'existe que par vous. Si vous ne le reconnaissez pas, il n'est pas. Vous le nommerez par élection, comme le pouvoir, comme la fortune, comme tout. »

Voilà le véritable portrait de la société démocratique du droit. C'est l'équerre égalitaire du dernier des idiots, qui nivelle à sa hauteur, talent, esprit, génie, beauté, fortune, et jusqu'à la vertu. C'est l'âme rendue esclave du corps, l'intelligence déclarée déchue par la matière, et comme un homme représente toujours une certaine supériorité, on sera forcé de mettre une bête à sa place, qu'on déifira par une élection solennelle. C'est là l'histoire de toutes les bêtes sacrées, de tous les veaux d'or faits par une tourbe révolutionnaire et démocratique. La révolution de 93 a, du reste, bien prouvé qu'avec le pouvoir élu par tous, Dieu lui-même, soumis à l'élection, peut être remplacé par une brute bipède et immonde. Ce n'est pas la République de Robespierre qui, à la longue, aurait sauvé la propriété, à moins de proclamer le despotisme et de le maintenir avec la guillotine en permanence.

Encore, malgré la force et la menace, et tout en exterminant la moitié des communistes, il suffit qu'on laisse au peuple l'élection du pouvoir par le suffrage universel, pour qu'un seul tribun en fasse sortir la communauté des biens et des femmes. Il lui sera facile de prouver à la majorité des ouvriers et des paysans, que, s'ils ne sont ni riches, ni heureux, ce n'est pas leur faute; ce n'est pas parce qu'ils manquent de talent, d'ordre, de mœurs et de persévérance; ce n'est pas parce qu'ils sont ou vicieux, ou débauchés, ou incapables d'économie; ce n'est enfin pas parce qu'ils ne connaissent ni ne pratiquent leurs devoirs, mais parce qu'il y a des exploiteurs, des riches, des privilégiés qui, n'ayant ni plus d'ordre, ni plus d'esprit, ni plus de talents, ni plus de vertu qu'eux, usurpent un droit d'hérédité qui ne leur appartient pas. En effet, ils ont hérité leur fortune, au même titre que le roi détrôné a hérité la couronne. Cet héritage est un affront au peuple, qui seul donne et le pouvoir et la propriété; qui, unique propriétaire de tout, pourvoit à tout. Pourquoi le dernier des travailleurs a-t-il le droit d'être nommé roi électif, sans avoir celui d'être promu propriétaire? Pourquoi ne choisira-t-il pas lui-même tous ses fonctionnaires, supérieurs et inférieurs, par la même voie élective? Où est la ligne de démarcation qui arrête le droit d'élection pour lui dire : Jusque là, et pas plus loin? Comment! on a aboli l'hérédité du pouvoir suprême, et l'on veut maintenir l'hérédité de cette misérable propriété! Dès que les droits ne sont plus réglés sur les devoirs, il y a, il doit y avoir égalité complète. *Or, le pouvoir électif n'étant pas basé sur le devoir, mais sur le droit égalitaire des suffrages, il ne peut rappeler aucun devoir au peuple, car le premier devoir du peuple serait de l'abolir et de le remplacer par un pouvoir héréditaire*, afin de sauvegarder son travail, sa propriété et sa liberté. C'est pour la même raison, que la République ne saurait jamais donner la liberté, car le premier usage que la liberté en ferait, serait d'abolir la République.

IV.

Dans une démocratie où la propriété sera toujours attaquée par le principe négatif du gouvernement, il arrive forcément de deux choses l'une : ou les communistes seront vaincus par la force brutale des résistants, ou ils sont vainqueurs et disparaissent par leur propre dissolution. Dans le premier cas, la victoire ôtera au peuple tous ses droits politiques compatibles avec le pouvoir héréditaire ; car ces droits maintenus avec un pouvoir électif, ce serait toujours à recommencer. Ceux qui prétendent maintenir l'ordre régulier avec le pouvoir électif, sont ou des niais ou des intrigants politiques, qui désirent se rendre nécessaires par des calamités publiques ; vrais corbeaux qui s'opposeraient à l'abolition de la guerre et de la mort, parce qu'ils se nourrissent de chair de cadavres. Tels hommes politiques, paraissent grands dans un état électif, menacé à tout instant de la guerre civile, qui ne seraient rien dans un état héréditaire, où l'ordre établi exige des intelligences d'initiative et de haute raison.

Dans le second cas, le communisme triomphant par le suffrage universel se dissout par l'anarchie et le néant. Il n'est point de société qui lui résisterait seulement pendant trois mois. C'est le déluge qui démolit en quarante jours ce que quarante siècles ont élevé avec peine et douleur.

Dans tous les cas, le pouvoir électif est un principe de mal, de négation, d'esclavage et de mort.

V.

Ah! dira-t-on, l'élection du pouvoir a été institué, non pour consacrer le principe d'égalité, mais pour le donner au plus digne et au plus méritant, pour faire arriver le génie, ce roi divin, au faîte de la société.

Mensonge !

C'est méconnaître la nature de l'élection. L'homme crée toujours à son image. Dans le vote universel, le génie votera pour le génie, l'homme de talent pour l'homme de talent, et la médiocrité pour la médiocrité. Jamais majorité n'a voté pour le génie. Celui-ci ne peut arriver au pouvoir que par l'hérédité, ou bien par le droit de conquête, c'est-à-dire par l'usurpation.

Qu'on cherche dans l'histoire des hommes de génie élus librement par le peuple, à moins qu'on ne compte les grands généraux. Encore ont-ils été chassés ou tués après la victoire; le peuple subit le génie, mais ne le choisit pas.

Ombrageuse, ayant plus de passion que de vertu, plus d'appétit que de goût, plus de matière que d'âme, parlant toujours de ses droits, jamais de ses devoirs, la masse élira toujours des tribuns, des flatteurs, véritables oiseleurs qui imitent ses cris pour la prendre plus facilement, qui la trompent par des promesses merveilleuses, qui lui insufflent de la haine pour tout ce qui dépasse leur propre taille. Bientôt ces tribuns deviennent des dictateurs, pour être sacrifiés à d'autres tribuns encore plus lâches et plus effrontés qu'eux. Quant aux hommes de génie, le peuple les a toujours sacrifiés, il ne les élève un instant sur le pavois que pour les jeter dans les gémonies.

Mais admettons même que le génie puisse arriver au pouvoir par l'élection. Où donc le chercher? Que faire, si le pays manque de grandes sommités politiques et administratives? Allons plus loin encore. Voilà le génie trouvé et installé. La société entière dépend donc de la santé, de la vie d'un individu, d'un être faible et misérable qui peut être tué par un moucheron.

Misère! La société dans toutes ses bases repose sur des institutions et des principes, jamais sur des individus. Les principes sont divins et immortels, Dieu les a donnés à l'homme pour pouvoir vaincre la matière, le hasard et la mort. L'hérédité du pouvoir étant le pivot de la société, repose précisément sur un de ces principes, c'est-à-dire sur l'immutabilité, l'immortalité de l'ordre. Avec l'hérédité, ce n'est pas l'homme qui gouverne, mais le roi, et le roi ne meurt pas.

VI.

Ce principe une fois acquis, il s'agit de l'exploiter et d'en tirer le meilleur parti. Il s'agit de choisir des hommes sachant le féconder pour en faire jaillir tous les fruits d'ordre et de liberté. Mais en tout cas, il faut que le principe reste au-dessus des atteintes humaines; car un principe, mis au niveau des hommes, n'en est plus un. Le soleil, qui est un principe, puisqu'il est en permanence, tout en fécondant les terres bien cultivées, change en déserts des terres mouvantes et incultes; faut-il pour cela l'abolir? Faudrait-il, en Afrique, le soumettre à l'élection des myriades d'étoiles qui n'existent que par lui? Or, l'ordre par l'hérédité est comme le soleil. Il donne des fruits à ceux qui savent l'utiliser, et laisse en friche les pays qui ne savent pas en profiter. Mais il ne faut pas pour cela mettre le principe d'ordre lui-même en doute, au risque de renverser toute la société. Dès que l'ordre est compromis par l'élection, la société se suicide et se coupe un membre après l'autre. Cela est arrivé partout où le pouvoir électif n'a pas fait place à un pouvoir héréditaire.

Même comme pouvoir absolu avec ses abus, l'hérédité est préférable à l'élection. Ce n'est pas l'ordre qui doit dépendre des hommes, mais la liberté. Elle seule est proportionnée à la grandeur, à la vertu des gouvernants. On a dit que l'ordre était dans la liberté et la liberté dans l'ordre. Erreur! La liberté est dans l'ordre, car elle en est le fruit, mais l'ordre n'est pas dans la liberté. L'arbre n'est pas dans l'abondance du fruit. Sans cette abondance, l'arbre existerait tout de même. L'ordre peut exister sans liberté. Certes, c'est un ordre stérile, mais il peut exister et être fertilisé; tandis que la liberté, comme existence, est impossible sans ordre.

La liberté sans ordre, c'est l'anarchie et le chaos.

L'ordre est le principe, la liberté en est l'application par l'homme.

L'ordre est la cause, la liberté en est l'effet. Et cette cause peut rester sans effet.

La société, en progressant, est arrivée à la liberté de l'ordre, mais de l'ordre seul. Or, l'ordre politique n'est autre que l'hérédité du pouvoir.

Ce principe peut être faussé, négligé. Un terrain, si fertile qu'il soit, quand il n'est pas sillonné, labouré et ensemencé, dépérit et ne produit à la fin que des chardons. C'est ce qui est souvent arrivé au principe d'hérédité. Est-ce une raison pour le faire sauter par des mines? Non. Négligé par les uns, il suffit qu'il reste intact pour être parfaitement bien cultivé par d'autres, plus forts, plus laborieux, et surtout plus consciencieux.

Aussi, quand après de coupables révolutions, le principe d'ordre a été d'abord entamé, puis dévasté, on a beau inventer des systèmes, on a beau le remplacer par la loi du plus fort, par la nécessité, par le génie même, forcément on revient à sa première pureté; forcément on le rétablit dans sa simplicité primitive pour y creuser des sillons de paix et de liberté.

L'abus de ce principe n'étant que dans la mauvaise application des hommes, on cherchera et l'on trouvera les moyens de les éviter. Dieu lui-même sert à des abus. C'est en son nom que des fanatiques sans raison ont commis d'affreux crimes. Aussi l'a-t-on aboli. Il n'en est pas moins revenu sain et sauf. Il en sera de même du principe d'hérédité, qu'on a aboli pour les abus commis en son nom, par des ignorants, des impuissants et des intrigants. Mais, étant le centre de gravité de toute la société civilisée, étant le principe de liberté et de progrès, des millions de géants ne l'empêcheront pas de revenir plus fort que jamais, et les révolutionnaires ne sont pas des géants!

LE DÉSORDRE.

I.

Il n'y a qu'un ordre, comme il n'y a qu'une santé et qu'une vérité; mais il y a mille désordres, comme il y a mille erreurs et mille maladies que les hommes finissent par systématiser. L'ordre est un sentiment tellement inné chez l'homme, qu'il le transporte même dans le désordre.

Comme la maladie, le désordre a ses

symptômes et ses prodrômes, c'est-à-dire ses signes précurseurs. Heureux le peuple qui profite de ces avertissements pour prendre les mesures nécessaires. A défaut de ces mesures, le mal, après s'être arrêté un instant, fait une irruption subite et emporte l'Etat au bout de quelques mois, souvent au bout de quelques heures.

Il n'est point de gouvernement parfait. Le meilleur des gouvernements n'est que le moins imparfait. C'est la monarchie héréditaire, entourée de garanties de libertés, afin d'empêcher les abus, afin de saisir le mal, de l'étouffer, le jour même où il se montre, pour sauver et l'ordre monarchique et la liberté nationale.

Ce moment arrive quand le gouvernement, au lieu de représenter la tête de l'Etat, comme il en est le sommet, par l'intelligence, le devoir et la justice, est confié à des médiocrités, à des bavards sans foi ni principes, soit par la faveur des courtisans, soit par la corruption des parlements et des assemblées. Dès ce moment, les prodrômes d'une révolution se déclarent.

En effet, dès qu'une grande médiocrité ou une grande corruption tient le pouvoir, toutes les médiocrités, toutes les corruptions du pays entrent en campagne et déclarent la guerre à la société. Quand le pouvoir est un devoir et n'est confié qu'au savoir, c'est-à-dire à des hommes forts, intègres, laborieux, la tourbe révolutionnaire, tout en murmurant, reste soumise et finit par faire son devoir à son tour. D'ailleurs, les talents étant avec le gouvernement — car les talents d'en haut attirent ceux d'en bas, — les médiocrités ambitieuses restent impuissantes. Il n'en est pas de même, quand le pouvoir est confié à des intrigants, à des hommes sans foi ni probité, à des flatteurs, soit des rois, soit des peuples. A l'instant il se forme en dehors du gouvernement une ligue puissante, composée de tous ceux qui ont du talent et des capacités. Le talent pardonne des fautes, des crimes même, mais il ne pardonne pas à la médiocrité. Une fois la tête de bélier constituée, toutes les mauvaises passions, tous les intrigants, tous les hommes de désordre, de vice, de débauche et de paresse, viennent s'y cramponner. Ainsi grossi, le groupe, transformé en parti, devient une espèce de reptile monstre, dont la tête crache du venin, et qui écrase avec la queue.

C'est par ce désordre que la monarchie absolue, n'ayant pas fait son devoir, est tombée. Le malheur pour elle, fut, de n'avoir pas eu des conseillers assez puissants, pour lui signaler les premiers symptômes du mal, avec le pouvoir nécessaire de l'étouffer dans sa naissance. Quand ce mal, après quelques années d'intervalle, a éclaté dans toute sa fureur apopleptique, il était trop tard; car il a emporté et le malade et les médecins,

C'est pour empêcher ces épidémies politiques, que nos pères ont entouré le principe de l'ordre, n'étant autre que l'hérédité du pouvoir, des conseillers du peuple, ayant non-seulement assez de talent pour reconnaître et combattre le mal, mais encore assez de puissance pour forcer le malade d'écouter leurs conseils. Ce fut là la mission des *États généraux*, première base des *Assemblées nationales*. Etant le résultat du choix de toute la nation, ces assemblées n'ont d'autre but que de servir de canal au gouvernement pour lui amener toutes les capacités du pays, afin d'en éloigner les intrigants, les courtisans et les impuissants.

En général l'anarchie, qui est le désordre d'en bas, ne vient pas sans le désordre d'en haut. Un pouvoir est rarement vaincu par la force de l'ennemi seul, mais par sa propre faiblesse, soit qu'il repose sur un principe faux, soit que, même fondé sur un principe vrai, il ne sache pas le féconder, et laisse arriver le mal, sans lui opposer des remèdes efficaces. Une fois le moment opportun passé et le mal devenu endémique, il n'y a plus de salut.

II.

Toutefois, ce genre de désordre violent est trop visible, trop palpable, pour n'être pas reconnu et bientôt combattu par tout le monde. Le peuple lui-même en sent le danger et n'y entre que par soubresauts fiévreux. Il ne demande pas mieux que d'être vaincu.

Mais il est des désordres mis en couleur; des désordres tamponnés pour amortir le choc; des désordres tapissés pour ne pas blesser l'œil. Ce sont les usurpations escamotées; ce sont des faits accomplis, légalisés, recouverts d'un vernis d'ordre; ce sont les désordres les plus dangereux.

Le désordre franc et primesautier est un mal aigu qui peut enlever le malade en quelques minutes, mais dont il peut guérir par une forte constitution. La France monarchique a une de ces constitutions. Elle meurt à peine d'un côté, qu'elle ressuscite de l'autre. Le désordre légalisé, l'usurpation sanctionnée, au contraire, est une espèce de ramollissement d'épine dorsale, corrompant, à la longue, tous les nerfs, liquéfiant toute la moëlle, empêchant le patient de marcher droit, et finissant toujours par l'extinction, sans combat ni résistance; attendu que nulle part il n'y a plus de force, pas même pour le mal.

Ce désordre, pour peu qu'il dure, tue un

pays pour des siècles ; car il mine en lui toutes les forces vives, le transforme en un moribond languissant, trop fort encore pour mourir, plus assez fort pour vivre. Un principe est toujours entier et jaloux ; pour produire le bien, il faut qu'il soit appliqué dans toute son intégrité.

L'hérédité du pouvoir ayant été instituée pour garantir l'hérédité de la propriété, elle doit être sacrée aussi longtemps qu'il y a un héritier. Proclamer une autre hérédité, soit par une révolution, soit par une intrigue parlementaire, c'est voler en criant : *Vive la propriété !* C'est l'hommage que le vice rend à la vertu ; rien de plus !

Quand le pouvoir est basé sur l'usurpation, c'est-à-dire sur la spoliation, rien n'est plus sacré dans la société. Vouloir garantir l'hérédité, en spoliant l'héritier, mieux vaudrait abolir la propriété en la déclarant élective. Pour que l'hérédité du pouvoir soit bienfaisante, il faut non-seulement qu'elle soit légitime, mais encore qu'elle soit juste, et consacrée comme telle par la nation entière.

III.

Il y a deux sortes de désordres légaux : l'usurpation par conquête, et l'usurpation révolutionnaire. La première est moins dangereuse que la seconde, en ce sens que, reposant sur une force, elle peut, du moins pour quelque temps, se donner l'apparence de vigueur et de santé, dont la faiblesse réelle échappe au peuple.

La seconde, issue ou d'une lâcheté ou d'une trahison — car toute révolution est une dissolution — n'a ni force, ni vigueur, ni apparence, et n'existe qu'aux dépens du peuple et de l'honneur de la nation.

L'histoire de France nous fournit deux exemples de grande usurpation par des hommes de génie. Ils prouvent tous deux que les principes sont toujours plus forts que les hommes.

Pépin était un usurpateur. Si jamais usurpation pouvait être légitimée, ce serait la sienne; car elle se trouve entre Charles-

Martel, qui battit les Sarrazins, et Charlemagne, le plus grand roi de l'univers, après saint Louis. . Eh bien! cette usurpation, bien qu'effacée par la mort du dernier des Mérovingiens, a été fatale à la France.

Non-seulement elle a été la source de la guerre entre la papauté et l'empire, mais, par la féodalité qu'elle a favorisée, elle a appelé l'invasion des Normands, dont nous souffrons encore aujourd'hui par l'Angleterre.

C'est en effet Pépin qui, le premier, pour se donner une apparence de légitimité, en appela au pape et se fit sacrer par lui. Ne tenant sa couronne que du droit du plus fort, il se concilia les suffrages des grands feudataires en leur accordant des fiefs à titre héréditaire. Par-là, non seulement ils eurent presque un pouvoir illimité, mais l'hérédité de la propriété était redevenue l'hérédité de l'esclavage, mitigé par le servage. Il a fallu des siècles et des luttes sans fin pour arracher les deux hérédités à ces grands communistes égalitaires du pouvoir, despotes comme tous les communistes.

Grâce à cette féodalité dominant le pouvoir royal, les Normands s'emparèrent de la France. Pendant la vie de Charlemagne, tous ces vices disparurent devant ses grandes vertus. Mais qu'est-ce qu'un homme vis-à-vis d'un mauvais principe? Charlemagne mort, le mauvais principe reparut avec toutes ses conséquences, et la France devint pour longtemps la plus malheureuse des nations. Ce fut Hugues-Capet, destiné à être la souche de l'hérédité légitime, qui chassa les Normands de Paris. Sous lui, la France Carlovingienne réduite à l'esclavage et prête à trépasser, poussa le premier soupir de liberté et de régénération nationale.

Le second exemple est celui de Napoléon.

S'il était possible à un homme de vaincre un principe, Napoléon eût été cet homme. Il avait tout pour lui; force, gloire, génie, et, par-dessus tout, il vint, comme un Dieu sauveur, le lendemain d'une anarchie sanglante et abrutissante.

Eh bien! Il a été forcé de céder au même principe, que, dans son fallacieux orgueil, il a foulé aux pieds. Vainqueur d'une république par le droit du plus fort, la guerre lui était indispensable. La paix, en minant son despotisme, l'aurait tôt ou tard renversé. La paix, c'eût été la guerre civile. Encore, avec la guerre il ne lui était pas permis de n'être pas vainqueur. Une seule bataille perdue, et son pouvoir chancelait à Paris. Une seule campagne malheureuse a suffi pour l'ébranler de fond en comble. Que sont les défaites de Bonaparte, vis-à-vis de celles de Louis XIV vers la fin de son règne? Cependant personne ne songea à envahir la France pour faire abdiquer le roi. Après la ruine de son armée, Louis XIV a conclu une paix glorieuse et a fait la loi à l'empire germanique.

La France a-t-elle gagné quelque chose par les victoires de Bonaparte? Que lui est-il resté en échange de tant de noble sang versé sur tant de champs de batailles? La perte de ses frontières conquises par Louis XIV, maintenues, étendues même par Louis XV, le plus mauvais des rois. Sans le principe relevé de l'hérédité légitime, la France aurait encore perdu l'Alsace et la Lorraine.

IV.

Mais, le pire des désordres, c'est l'usurpation par une révolution; c'est la honte et la corruption entées, d'abord sur l'injustice, puis, tôt ou tard, sur le crime. Règle générale; un roi créé par une révolution, en devient ou le despote ou la victime. C'est une lutte de tous les instants; lutte de partis, de factions et de coteries, auxquelles la patrie sert de proie et le gouvernement de cible. N'ayant point de droit sur lequel s'appuyer; forcé de museler la révolution qui l'a mis au monde, ce gouvernement, bon gré mal gré, est poussé vers les moyens honteux de corruption.

Il lui faut des amis. Or, les amis qui ne viennent pas tout seuls par la force attractive d'un principe vrai, ne sont guère que des exploiteurs, lâchant pied au premier signal de danger. Harcelé d'un côté par la révolution, sa marâtre, exploité de l'autre par des fils prodigues et corrompus, ce gouvernement est condamné à une négation perpétuelle. Tout son temps se passe en intrigues, subterfuges, expédients et mensonges. Il ne respire pas, il aspire. Il ne marche pas, il rampe. Il ne resorbe pas, il absorbe. Il n'agit pas, il s'agite. Enfin, perdant sa propre confiance, s'aigrissant de son impuissance, il finit par devenir cruel d'ennui, et disparaît presque toujours par un honteux suicide.

Ce n'est pas tout. Ne représentant ni l'hérédité, ni l'élection ; n'étant ni la royauté, ni la république ; ce gouvernement postiche ne peut exercer aucune influence dans l'extérieur, et devient l'instrument de toute puissance qui daigne l'exploiter aux dépens de la nation.

A chaque pas qu'il désire faire, à chaque réclamation qu'il chuchotte, eût-il cent fois raison, l'étranger le menace d'une double guerre, guerre révolutionnaire en dedans, guerre de prétendant en dehors. Non pas que l'étranger soit d'ordinaire assez juste pour faire la guerre au nom d'un principe, ce n'est pour lui qu'une menace jetée à la face d'un voleur pour lui faire rendre gorge.

Ce fut là longtemps la position de la France vis-à-vis de l'Angleterre. Si la politique de Louis XIV avait été guidée par un principe, si la France avait soutenu courageusement les Stuarts, nul doute que toutes les forces de l'Angleterre n'eussent été paralysées. Cependant l'usurpation anglaise était en quelque sorte justifiée par un changement de religion nationale, évènement qui d'ordinaire brise et relâche tous les liens moraux. Si Napoléon avait eû un Stuart à sa disposition, il aurait montré à l'Angleterre ce que c'est, qu'un prétendant légitime, tout en violant le même principe dans sa propre personne.

Or, ne pouvant pas faire la guerre à l'extérieur, sans s'exposer à la guerre civile, ce gouvernement n'aura que des paix honteuses, qui donnent de nouvelles forces aux fauteurs anarchiques et provoquent de nouvelles révolutions.

Il est vrai que cela peut durer quelque temps. Les peuples, malades de révolution, ont tant besoin de repos, fût-il factice, qu'ils acceptent tout simulacre de gouvernement, et se croient guéris, dès que le mal est répercuté. Il faut à ces peuples de hardis médecins qui, loin de les endormir, leur disent toute la vérité sur la gravité du mal, pour procéder à l'instant à une cure radicale, dût cette cure les exposer à de nouvelles souffrances, plus aiguës momentanément que le mal même.

Il en est des maladies morales comme des maladies physiques. Ou il faut les abandonner à elles-mêmes, en se fiant seulement à la réaction de la nature et du principe, ou bien, dès qu'on y touche, il faut une main sûre et des moyens efficaces. Les timides, les empiriques, les charlatans ne sont qu'un mal de plus.

Quand le principe d'ordre est troublé; quand une nation est malade d'usurpation et de spoliation, il faut, pour revenir à la santé, un effort hardi et puissant. Les peureux, les replâtreurs, les empiriques du fait accompli ne font que prolonger le mal, au risque de le faire dégénérer en cancer mortel.

Mieux vaut l'abandonner à toute la fougue brutale de l'anarchie. Celle-ci, comme le délire d'un fiévreux, ne dure qu'un certain temps; tandis que l'hypocrisie de l'ordre, la consécration du fait accompli, fait croire à une fausse guérison, et amène forcément une rechute suivie de male mort.

Mais, quel que soit le désordre d'une nation, qu'il soit de l'une ou de l'autre espèce, tôt ou tard justice en sera faite; tôt ou tard l'ordre reparaît dans toute sa pureté primitive. Toute révolution décrit un cercle dont la fin touche au commencement. Toute révolution est provoquée par des besoins de réforme qu'elle dépasse violemment pour y revenir après une époque plus ou moins longue d'anarchie, d'usurpation et de despotisme.

Au bout de la justice humaine est la justice de Dieu, et quand les hommes, se détachant du principe, se fiant à leur raison individuelle, ont sacrifié toute une vie de labeurs pour s'élever un édifice profane à côté du temple sacré de la vérité, alors apparaît soudain la main de Dieu; alors les humains stupéfaits, étonnés d'avoir travaillé contre eux-mêmes, d'avoir servi d'instruments à un principe qu'ils croyaient détruire, s'humilient, se frappent la poitrine et reconnaissent, qu'au lieu d'avoir été les auteurs d'un drame, comme ils se l'imaginaient, ils n'en étaient que les acteurs; heureux s'ils n'en sont pas les marionnettes!

LA LIBERTÉ.

I.

Si l'ordre est représenté par l'hérédité, la liberté politique est le résultat de l'élection réunie à l'hérédité.

L'ordre ne change pas, il est partout le même. La liberté change selon les temps et les lieux. Le premier, loin de se renouveler, doit au contraire se perpétuer par un principe immortel; la seconde n'existe qu'en se réglant sur les intérêts nationaux de chaque époque. L'ordre-principe est immutable, la liberté-but dépend des qualités des hommes appelés à exploiter le principe. Le meilleur arbre mal soigné, mal élagué, ne produit rien. Pourvu qu'on ne coupe pas l'arbre, arrive un jardinier plus consciencieux, auquel il ne faut que quelques mois pour en tirer d'excellents fruits.

Il a fallu des siècles de tâtonnements pour arriver à cette réunion de l'ordre et de la liberté; comme tout ce qui est durable et fécond, elle est due au mariage des deux contrastes apparents : *l'hérédité et l'élection*.

De tout temps les hommes ont eu l'instinct de l'ordre; ils ont d'abord essayé de mettre le pouvoir dans les mains d'un seul ; celui-ci en ayant abusé, a été renversé. Les peuples alors ont cru pouvoir mettre l'ordre dans l'élection; il en est résulté ou la guerre civile, ou bien une guerre générale qui les a forcés de courber la tête sous le joug du vainqueur.

Jamais démocratie n'a existé dix ans sans

dictature ou guerre. L'état de siége est son état normal. La république américaine, bien qu'elle soit monarchique, n'a évité cette alternative que par l'immensité de son territoire. Mais déjà la guerre commence; tôt ou tard, l'Amérique, malgré l'*esclavage*, partagera le sort de tous les gouvernements démocratiques.

Voyant que le despotisme est un moindre mal que l'anarchie, les peuples païens avaient fini par l'adopter comme principe gouvernemental.

Peu à peu, la société devenue chrétienne, après avoir garanti la royauté par l'hérédité, tendit vers l'émancipation du peuple par l'émancipation du travail, source de toute liberté. Par le christianisme, la royauté, d'un droit qu'elle était, devint un devoir. Le chef du peuple se transforma en justicier, le tyran en père de famille, le maître en serviteur de Dieu. Dès-lors, la monarchie devint l'ancre du salut du peuple, le serpent d'airain de tous ceux qui souffraient de l'injustice des hommes.

Il est remarquable que l'idée chrétienne

de la monarchie s'est affaiblie dès l'époque dite de la *renaissance*. C'est à partir de François Ier que la monarchie de Clovis et de Saint-Louis, oubliant ses devoirs, agissant au nom de ses droits, redevient tout à fait païenne sous Louis XIV et Louis XV.

C'est pour empêcher cette dégénérescence de la monarchie, que les peuples, craignant encore plus l'anarchie révolutionnaire, ont fini par lui donner un contre-poids, représenté par l'élection, afin de neutraliser l'individu dans le monarque, afin de laisser la royauté à l'état de principe, afin encore de suivre la volonté nationale pendant la durée des minorités et des interrègnes.

Cette vérité n'a fait que se fortifier par l'expérience des faits. Ce n'est pas pour affaiblir la monarchie, qu'on l'a entourée d'institutions nationales et électives, mais pour en assurer la durée féconde par la transformation en principe ; afin que l'homme, avec tous ses vices et ses caprices, disparaisse derrière l'institution.

Cette vérité si simple, si claire coûte déjà

à l'humanité des torrents de sang. Chaque expérience la remet dans un jour plus brillant. Mais l'orgueil humain n'est pas fait pour écouter, il faut qu'il *sente*. Le vice de l'orgueil ne se rachète que par l'expiation.

Dès que la liberté, se détachant de l'hérédité, a le souffle, elle tend à renier sa mère, et croit pouvoir marcher toute seule Tout en limitant les droits de la monarchie, elle ne sait jamais limiter ses propres droits. Rappelant à tout le monde les devoirs, elle n'oublie que les siens. Aussi, partout où elle a assassiné la monarchie, ce meurtre a été son propre suicide; car partout le despotisme a surgi de l'anarchie, comme une île déserte, au milieu d'un déluge.

II.

Les esprits modernes se sont complètement fourvoyés au sujet de la liberté. Les uns la cherchent en dehors de la monarchie, les autres la veulent illimitée, comme si tout ici-bas ne portait pas en soi ses limites naturelles; comme s'il existait un bien, qui ne dégénère forcément en mal, dès qu'il sort des bornes de la raison et du devoir. D'autres, enfin, esclaves de leur ambition impuissante, demandent et demanderont toujours la liberté, comme l'ombre qui demande du soleil.

Quand on n'est pas libre de ses passions par le devoir, on ne sera jamais qu'esclave ou tyran.

La liberté n'existera jamais comme droit, sans qu'elle fasse ses devoirs.

Le premier devoir d'un peuple libre, c'est d'instituer l'ordre par l'hérédité. Ce n'est qu'après la proclamation de ce principe sacré et inviolable, que la liberté peut s'abandonner à tous ses droits.

C'est parce qu'elle ne respecte pas toujours ce droit, c'est parce qu'elle ne fait pas toujours son devoir, qu'il faut que l'ordre domine la liberté et non la liberté l'ordre; attendu que les abus de l'ordre sont un moindre mal en face des abus de la liberté; car les premiers ne compromettent que les droits de quelques-uns, tandis que les seconds portent atteinte aux droits de tous.

Le despotisme n'atteint que certaines classes, l'anarchie frappe le peuple entier dans tous ses intérêts moraux et physiques. C'est pourquoi il faut que la monarchie prime la démocratie, afin de pouvoir la forcer de faire son devoir, afin de la sauver malgré elle. C'est la monarchie seule qui a assuré la liberté à la démocratie.

La monarchie a souvent fait son devoir, la démocratie n'a jamais fait le sien. Elle s'est toujours occupée de ses droits qu'elle a poussés jusqu'à l'excès, par des crimes. Elle est toujours morte de suicide.

Comme tous les biens, la liberté politique, représentée par l'élection, porte en elle sa propre organisation, basée sur la réciprocité des devoirs et des droits. En dehors de cette organisation, qui lui impose le devoir de l'hérédité, elle n'est rien. Il n'y a pas de milieu entre la vérité et l'erreur.

Autant la liberté, abandonnée a elle-même, est un mensonge, autant elle devient une vérité quand elle est unie à l'hérédité du pouvoir; car ce pouvoir seul donne le point d'appui nécessaire et indispensable au levier de la liberté.

Ce point d'appui trouvé, la liberté peut s'épanouir et s'abandonner à tous ses développements. Plus elle sera large, plus elle sera sincère; car, par son étendue même, par l'universalité de tous les suffrages, elle cessera d'être le monopole d'un parti, qui s'en est toujours servi pour tyranniser le peuple.

C'est l'expression sincère de la volonté nationale, indiquant les réformes politiques et sociales; c'est la dénonciation libre de tous les abus, de toutes les injustices. Là se bornent les droits de la liberté. Ils cessent, en effet, dès que des vœux, elle passe à la violence, c'est-à-dire à la guerre faite à l'ordre.

Celle liberté est parfaitement représentée par le suffrage universel. Dès que, remplissant son premier devoir, elle aura institué l'ordre par l'hérédité, elle pourra procéder à l'organisation du vote universel, qui n'est encore qu'à l'état de mensonge.

Les peuples peuvent se prononcer par voie directe sur certains principes fondamentaux, qui ont leur source dans le cœur, c'est-à-dire dans la conscience de la nation; mais jamais élection directe n'a rien valu dès qu'il s'agit des personnes, surtout dans un pays si vaste que la France. Pour faire du suffrage universel une vérité et une liberté, il faut qu'il passe par différents degrés qui, lui servant d'autant de cribles, le rendront plus pur, plus sincère et plus fécond. Il faut que la commune puisse élire ses mandataires en connaissance de cause.

Ceux-ci éliront les électeurs du canton, ceux-ci nommeront les mandataires d'arrondissement, enfin, ces derniers, seraient appelés à nommer les représentants. Les hommes ressemblent en cela aux métaux précieux. Plus ils passent par des creusets, plus ils s'épurent et gagnent en valeur. Par ce moyen, les assemblées nationales pourraient représenter les hommes d'élite du pays; car moins est grand le nombre des électeurs définitifs, plus leurs choix seront distingués. Les cribles électifs feront toujours gagner en qualité, ce qu'ils font perdre en quantité.

En aucun cas, la liberté, c'est-à-dire l'élection, ne doit avoir le pouvoir de porter atteinte à l'ordre et de compromettre son principe; ce serait exposer la société à des révolutions périodiques. Il faut que l'ordre ait une base de granit pour briser comme verre, par le choc même, tout instrument criminel dirigé contre lui dans un but de destruction et de renversement; ce qui aura toujours lieu quand le pouvoir, légitimement reconnu, résistera aux factions par un appel sincère à la nation.

IV

Cette réunion de l'ordre avec la liberté, de la monarchie avec la démocratie, est l'avenir du monde politique. Quoi qu'on fasse, les hommes reconnaîtront tôt ou tard que, sans l'hérédité du pouvoir, il n'y a aucune sécurité pour l'hérédité de la propriété; que, sans propriété, il n'y a plus de liberté; qu'enfin, dans une démocratie égalitaire, l'homme n'est plus qu'un chiffre, moins qu'une brute.

La monarchie, à son tour, saura qu'elle est avant tout un devoir; qu'elle a été instituée pour donner au peuple prospérité et liberté.

Elle sentira le besoin d'entendre continuellement la voix de la nation; elle comprendra que son inviolabilité ne sera garantie que par la véritable responsabilité des ministres, qui, eux-mêmes, abrités derrière le principe, lui serviront à la fois d'appui et de bâton de voyage. Une assemblée nationale nommée par les différents degrés d'élection, peut amener au principe d'ordre tous les hommes de valeur de la nation qui, si grands qu'ils soient, ne sauront donner la liberté sans le principe immortel de l'hérédité, seul point d'appui pour un Archimède politique. Qu'est-ce qu'un homme s'il représente lui-même l'ordre par son génie? Moins que rien! Une ombre qui passe, une fleur qui se fane après la rosée. A peine a-t-il semé qu'il meurt, et avec lui, disparaît son ouvrage foulé aux pieds par des médiocrités factieuses et ambitieuses.

Pas un seul usurpateur heureux n'a laissé des fruits durables de son genie. Après sa mort, tout, comme lui, s'est réduit en poussière.

Le progrès social ne date que du principe héréditaire du pouvoir ; c'est ce principe qui a produit de grands hommes, qui a fécondé les idées du génie en les rendant immortelles par des conquêtes pacifiques et fructifiantes.

Les révolutions, après tout, ne sont que les éclipses de l'hérédité, qui reparaît toujours, car elle seule assure les libertés nationales, garantit le progrès, et élève l'homme vers Dieu. L'hérédité du pouvoir n'est pas un système, c'est la révélation politique du christianisme; c'est l'humanité progressive; c'est l'extinction graduelle de la misère, c'est l'ascension continue de la propriété et de la prospérité; c'est enfin le seul moyen de faire gouverner la liberté. *Quand l'ordre règne, la liberté peut et doit gouverner.*

LES ASSEMBLÉES.

I.

L'hérédité du pouvoir a été proclamée pour perpétuer le principe d'ordre, à défaut de grands rois. Les assemblées nationales ont été instituées afin de conserver la liberté, à défaut de grands ministres. Partout les institutions ont été créées pour être au-dessus des hommes. Considéré de près, le pouvoir absolu n'a jamais été légitime en

France. Il y a eu des hommes forts qui, par leur génie, ont suppléé momentanément aux institutions; mais ces hommes, à peine morts, les institutions ont reparu plus vivaces que jamais.

C'est ainsi qu'en l'absence des *États généraux*, les parlements ont visé à les remplacer; seulement, ayant été basés sur le monopole et l'abus, ils n'ont pu produire aucun bien positif, tout en contrecarrant le pouvoir d'un seul.

Il serait superflu de faire l'histoire de la constitution des Etats généraux de la France; cette histoire est toute faite (1). Il suffit de mettre en relief la loi générique des assemblées politiques.

Voici cette loi : Aucune institution ne saurait fonctionner sans contrepoids; les planètes mêmes, ayant un centre de gravité, doivent avoir forcément un contrepoids.

Le centre de gravité de la société chrétienne étant la monarchie héréditaire, son

(1) Voir l'admirable livre de M. Lourdoueix : *De la Restauration de la Société française*. Ce livre devrait servir de manuel historique à toutes les écoles françaises.

contrepoids nécessaire est la démocratie légale, expression de la volonté totale de la nation.

Ce contrepoids ne peut être que négatif; mais il est indispensable pour donner à la monarchie son équilibre, pour en rendre les fonctions fécondes et bienfaisantes.

A la monarchie donc le pouvoir exécutif.

A la démocratie, représentée par une assemblée, le droit de demander compte des impôts, de proposer de nouvelles lois concernant les intérêts de la nation, ou bien, de représenter le peuple et sa volonté, en cas de minorités et d'interrègnes.

Au-dessus de cette assemblée nationale, et en même temps au dessus des ministres de la royauté, doit exister un conseil politique suprême représentant toute l'intelligence, toute la sagesse, toute l'expérience du pays. Il n'est presque point de constitution soit ancienne, soit moderne, sans ce conseil, sénat, tribunal, parlement ou aréopage.

Dès que, dans un pays, il y a deux pouvoirs, l'un ne fût-il qu'un simulacre de pouvoir, il en faut un troisième au-dessus des deux pour les équilibrer; c'est une loi de la statique, loi à laquelle rien n'échappe. Du moment qu'il y a balance, du moment qu'il y a deux plateaux, il faut un fléau modérateur pour savoir où est la prépondérance; c'est encore une loi philosophique qui n'admet point de dualité, sans une cause supérieure trinitaire; c'est en un mot le mystère divin du christianisme.

Sparte, qui a eu la constitution politique la moins imparfaite de l'antiquité, a prospéré avec ces institutions trinitaires.

A côté des rois il y avait le peuple; au-dessous des deux se trouvait l'assemblée des éphores. La constitution américaine est également trinitaire; elle n'a même que cet avantage. Dans la monarchie chrétienne, qui ne fut jamais absolue, cette assemblée s'appela: *Chambre des principaux*. Toutefois, les *principaux*, tout en représentant l'intelligence, la fortune et la foi de ce temps, n'en furent pas moins une caste privilégiée. Saint Louis, le plus grand roi de la chrétienté, car il en était le plus juste, a réformé cette chambre, et l'a transformée en tribunal suprême en dehors de tout privilége; car le roi se réservait le droit d'y appeler tous les hommes distingués de la nation.

On est confondu d'étonnement et de ravissement en lisant les lois et établissements de saint Louis, ce révélateur de la monarchie française. Tous les développements de la constitution française, s'y trouvent en germe. Saint Louis est le premier roi qui conçut l'idée d'un parlement indépendant à côté de la royauté.

Le parlement fut vicié avec la disparution de l'esprit chrétien, à partir de François Ier, le roi le plus fatal à la France; car, de son époque, date la dégénération de la monarchie chrétienne redevenant païenne. C'est lui qui, le premier, vendit les charges de judicature. Et comme toute injustice tourne forcément contre son auteur, cette assemblée monopolisée, vendue au plus offrant, fut la cause efficiente de la chute de la royauté.

Non-seulement le parlement prêcha le droit d'insurrection contre la monarchie, mais encore il empêcha la convocation des Etats généraux, dans le but d'en usurper le pouvoir et les fonctions. Le parlement ne pouvait servir de contre-poids à la royauté; car, n'étant pas libre, il n'en représentait pas le contraste. C'était une assemblée corrompue, à côté d'un pouvoir corrompu. Or, jamais mal employé contre un autre mal ne produit le bien. Pour empêcher l'injustice, il ne suffit pas d'être plus injuste. Pour neutraliser la corruption d'un seul, il faut autre chose que la corruption collective d'une assemblée.

II.

Les assemblées, n'étant de leur nature qu'un contre-poids nécessaire au pouvoir, il leur est absolument impossible de représenter ce pouvoir, encore moins de le créer. Jamais constitution viable n'est sortie d'une assemblée soi-disant *Constituante*. Bien plus, jamais assemblée n'a pu faire une loi organique. Les constitutions se font toutes seules. Elles croissent et décroissent, elles naissent et meurent avec les nations. Elles sont pour ainsi dire innées à la vie d'un peuple. Quant aux lois, dites organiques, elles sortent d'ordinaire de la tête d'un seul grand homme, que Dieu a créé exprès dans ce but. Tout peuple a ses missionnaires-législateurs. Ce sont d'ordinaire ses grands rois et ses grands penseurs, jamais ses assemblées.

La raison, le génie sont inhérents à la constitution de l'homme, comme les constitutions sont inhérentes au génie des peuples, représentant de grands individus collectifs. Le progrès se trouve uniquement dans le développement de la constitution naturelle; jamais dans le changement de la base qui, partout, est une et indivisible. Cette base renversée, la nation se renverse elle-même. Pour se relever, il faut tout d'abord que la constitution nationale se relève dans toute sa pureté primitive.

C'est une bien fatale erreur, d'attendre de grands résultats d'une assemblée souveraine et constituante; c'est méconnaître la nature de l'homme ; c'est braver, de gaîté de cœur, les lois éternelles de Dieu. Une assemblée est et sera toujours une agglomération de passions et d'intérêts, mais non une agrégation de raison et de génie. La raison ne s'acquiert ni par l'addition, ni par la discussion. Cinq cents hommes médiocres ne valent pas un seul homme de bon sens, et ces cinq cents hommes n'écouteront un homme de bons sens, qu'autant qu'il ne froisse ni leurs intérêts, ni leurs préjugés. C'est précisément parce que les assemblées représentent des intérêts, au lieu des raisons, qu'elles sont aptes à sauvegarder ces mêmes intérêts, vis-à-vis du pouvoir. Mais c'est aussi à quoi se borne leur rôle. Dès qu'elles usurpent le pouvoir, pour créer quoi que ce soit, elles tombent dans l'impuissance, et de là forcément d'abord dans l'anarchie, puis dans le despotisme.

Comment espérer d'une assemblée, l'inconstance personnifiée, une loi stable et durable ! Il n'y a rien de plus mouvant, de plus changeant, de plus versatile qu'une assemblée. Elle représente toujours la femme d'Ulysse, qui défait le lendemain, ce qu'elle fait aujourd'hui; sauf toutefois, qu'une assemblée souveraine et constituante n'est plus la *femme*, mais la *veuve* d'Ulysse. Pour elle, plus d'espoir de s'arrêter un jour à son tissu. Plutarque a cité, au sujet des assemblées politiques, un apologue charmant. « La lune, dit-il, demanda une robe à Jupiter. — Malheureuse ! lui répondit Jupiter, toi qui changes de forme tous les huit jours, tu songes à te faire une robe. »

Il en est absolument de même des assemblées constituantes. Nulle n'a su se faire une robe. Quand bien même elle était faite, elle fut déchirée le lendemain, pour être traînée dans le sang et dans la boue.

Même pour les questions de principe, le vote direct du peuple vaut mieux que les assemblées, à moins que les membres élus n'aient un mandat impératif; à moins qu'il ne s'agisse d'une des grandes questions vitales du pays. Alors les assemblées servent d'écho à la voix instinctive du peuple. Cela est arrivé plusieurs fois dans l'histoire des États généraux de la France, notamment à l'occasion des traités des rois Jean et François Ier et contre la prétention des rois d'Espagne au trône français. Aujourd'hui même, si l'on posait au peuple l'alternative entre le pouvoir héréditaire et le pouvoir électif, il répondrait d'une manière admirable, soit directement, soit par mandat impératif. Qu'une assemblée sans mandat soit appelée à résoudre cette question, au lieu de songer aux intérêts du pays et à son devoir, elle songerait à sauvegarder ses propres intérêts, à prolonger son pouvoir, à choisir un roi moitié légitime, moitié illégitime, afin de se rendre nécessaire, afin de s'assurer les premières positions.

Quelques hommes de devoir et de cœur diraient bien la vérité. Mais qu'est-ce que cela fait à une assemblée de sept cent cinquante hommes, dont forcément sept cents sont des médiocrités intrigantes, pérorantes et absorbantes? Où donc est l'assemblée qui ait jamais écouté la voix de la raison et du devoir? Qu'on me la cite! Rien de plus admirable que les cahiers de 89! Il n'y a pas dans toute l'histoire française un plus grand monument politique que ces vœux exprimés librement par un peuple debout. Que sont devenus ces vœux dans l'assemblée législative? Cependant rarement une assemblée politique a réuni dans son sein tant d'hommes de premier ordre. Il n'est pas une vérité religieuse et politique qui n'ait été dite et répétée dans son enceinte; mais, fidèle à sa nature, elle n'a écouté que ce qui flattait ses passions et ses erreurs. Dès que Mirabeau devint raisonnable, il ne fut plus écouté. Inutile de vouloir énumérer ce qu'elle a créé. Rien! Elle n'a fait que démolir.

Les assemblées politiques sont le levain de la constitution. Si cette constitution est d'une bonne pâte, le levain contribuera à procurer du bon pain quotidien au peuple. Seul, il ne sera qu'un ferment stérile et indigeste.

LA PRIMOGÉNITURE. — LA LOI SALIQUE.

I.

L'hérédité étant un principe positif, elle doit être limitée. Il y a cela d'admirable dans la nature, que tout ce qui constitue un bien ou une vérité a besoin de certaines bornes pour ne pas dégénérer en abus. Le mal, au contraire, est comme l'ivraie. Ou il faut l'anéantir, ou il pousse sa logique jusqu'aux dernières conséquences, en couvrant le terrain entier de ses ramifications vénéneuses. Dès que l'élection est reconnue comme principe du pouvoir, il pénètre partout. Propriété, fonctions publiques et militaires, tout y passe.

Cette rapidité de la logique du mal est encore une générosité de la nature; elle a hâte d'épuiser l'erreur pour arriver plus vite à la vérité.

Il n'en est pas de même du bien. Comme tout ce qui doit durer et porter du fruit, le bien a besoin de beaucoup de temps pour devenir universel, et c'est le temps qui l'organise par les bornes du devoir. Ainsi parce que l'hérédité est de nécessité absolue dans le pouvoir, il ne faut pas en conclure qu'il faille l'introduire dans les fonctions publiques. Bien au contraire. Etendue jusqu'aux corps politiques, elle deviendrait forcément un abus, comme du temps de la féodalité. La féodalité, en effet, a été un abus du principe héréditaire. Il a fallu de longues années et des luttes sans fin pour séparer l'ivraie du grain, pour couper l'abus en faveur du principe. La féodalité avait étendu l'hérédité jusqu'à l'homme, seule propriété de Dieu.

Dans cette lutte, la royauté héréditaire a été le symbole de la liberté individuelle de l'homme. Dès qu'elle a manqué à cette mission, elle a creusé elle-même sa tombe. Ses adversaires qui, avec l'abus ont cru couper le principe même, n'ont pas été plus heureux.

Dans la nature, le principe héréditaire tient du mystère. Tel fils hérite des qualités de son père, à l'exclusion de tel autre. Les hommes avaient beau instituer des majorats et proclamer la transmission exclusive de la propriété au fils aîné, cela n'a pas empêché bien des cadets d'être les seuls véritables héritiers des talents et des bénédictions du père. Du moment que l'hérédité est un droit, il doit y avoir égalité complète.

Il n'en est pas de même de l'hérédité du pouvoir; *cette hérédité n'étant plus un droit, mais un devoir*.

En effet, l'hérédité du pouvoir n'ayant été instituée que dans le but de soumettre l'homme au principe, en d'autres termes, de représenter la permanence de l'ordre, pour assurer le travail et la liberté, cet héritage n'est plus un droit, mais un devoir. Du moment que l'hérédité cesse d'être un devoir, elle n'est plus rien; c'est un homme. Or, il suffit que deux frères soient égaux devant l'héritage du pouvoir, pour le ravaler, pour le tranformer en droit.

A l'instant, au lieu de représenter l'ordre, il représente la guerre, la corruption et le désordre. Pour que le pouvoir ne soit pas exposé, il faut qu'il impose; pour qu'il ne soit plus la proie des hommes, il faut qu'il se transforme en principe. L'hérédité du pouvoir est une création forcée de l'homme qui, comme Dieu, son propre créateur, spiritualise la matière et lui insuffle une âme. C'était un individu, un corps mortel, l'homme en fait l'âme immortelle de l'ordre. Il n'y a qu'un peuple chrétien qui ait pu la créer.

Il fallait donc ou renoncer à cette création admirable, ou proclamer la primogéniture.

Règle générale, tous les maux du pouvoir viennent des hommes qui le considèrent comme un droit.

Tous les biens en découlent dès qu'on le regarde comme un devoir, comme un moyen de grandeur d'âme et de splendeur nationale.

Il suffit d'exercer le pouvoir comme devoir pour ne jamais se tromper dans les attributions. La voie du devoir, c'est l'organisation naturelle que Dieu a mise dans tout principe vrai ; c'est un véhicule qui contient en soi et son mouvement et son frein.

II.

La loi salique n'est pas issue du principe même ; c'est une loi nationale qui précède même celle de l'hérédité et de la primogéniture.

Dans le passé, la loi salique a été d'une grande nécessité ; elle devait empêcher la cession de la couronne par un mariage. Du reste, le pouvoir ayant été absolu, le règne d'une femme était trop exposé à quitter la voie du devoir, pour glisser des sentiers étroits de l'intrigue et de la corruption, dans l'abîme du crime. L'homme, quand il aime, n'aliène pas sa liberté ; c'est là toute sa supériorité vis-à-vis de la femme. Mais la femme qui aime donne tout : corps, âme, esprit, jusqu'à son ombre, jusqu'à son honneur. La loi salique se trouve pour ainsi dire dans la Bible, qui dit à la femme : *Ton mari te gouvernera.*

Toutefois, cette loi n'a pas trouvé grâce devant tous les peuples. Dans une monarchie représentative elle est, en effet, moins nécessaire, parce que les mariages des reines ne peuvent plus avoir aucune influence sur les cessions de provinces, la royauté n'étant plus qu'un devoir, nullement un droit.

La loi salique est une loi politique ; elle empêche la contrainte des sentiments du cœur ; elle empêche l'immoralité de certains mariages qui, en outre, peuvent devenir dangereux par des intrigues étrangères. C'est donc une loi purement nationale, et nullement dans la logique des principes; c'est pourquoi elle pourrait, à la rigueur, être modifiée par la nation même, dès que celle-ci le jugerait à propos.

LA CONSTITUTION POLITIQUE D'UN PEUPLE CHRÉTIEN.

I.

Supposons un peuple guerrier ou agriculteur, idolâtre, polythéiste ou athée; ses premières lois seront forcément patriarcales. Aussi longtemps que ce peuple aura assez de pâturages pour ses troupeaux, il vivra en paix, presque sans travailler et dans une espèce de communisme de famille, sous le commandement paternel des vieillards.

Arrive le moment où la population deviendra trop nombreuse pour vivre sans travailler, où il faut se disputer le terrain; alors ce peuple, ou fera des invasions dans des contrées limitrophes et forcera les vaincus de travailler pour lui, ou bien il se scindera en deux parts, dont l'une sera sacrifiée à l'autre, non sans des luttes acharnées. En tout cas, malheur aux vaincus! ils seront esclaves, c'est-à-dire ils travailleront forcément pour les vainqueurs. D'ordinaire, la victoire est due à l'avantage de la discipline militaire, c'est-à-dire à l'obéissance passive des combattants sous un seul chef. Voilà le despotisme intronisé; c'est le commencement de toute nation guerrière et victorieuse. Peu à peu, le despote ne respectant plus les prétendus droits de ses covainqueurs, ceux-ci se révolteront, le chasseront et proclameront le despotisme collectif, c'est-à-dire une république patricienne, dans laquelle quelques familles gouverneront, soit ensemble, soit tour-à-tour, afin de maintenir le droit de ne pas travailler vis-à-vis des esclaves, et le droit de commander vis-à-vis du despote.

Ces familles ne s'en tiendront pas là. Augmentant toujours par le nombre, elles ont besoin de nouvelles guerres, de nouvelles victoires. D'un côté, il faut se défendre contre les esclaves; de l'autre, contre les jeunes aspirants au pouvoir. De nouveaux dictateurs surgiront alors dans ces guerres. D'étrangère qu'elle était, elle deviendra civile. Au sein de ces familles affranchies, il se formera des coteries et des factions qui se décimeront les unes les autres, et qui toutes finiront par fléchir la nuque devant le plus fort. L'esclavage sera maintenu, seulement il sera universalisé; il y aura égalité devant le despote. L'esclave travaillera pour son maître, mais le maître peut être appelé à tout instant à déposer fortune et vie aux pieds du despote; ce n'est qu'à ce titre qu'il maintient l'ordre.

Il n'y a aucune autre alternative pour ce peuple, quel que soit son origine.

II.

Arrive un homme descendu du ciel qui

crie à ce peuple : « Écoutez ! jusqu'à présent vous vous êtes fait la guerre pour vos droits. Malheureux ! il n'y a pas de droits sans devoirs. Sachez donc qu'il est un Dieu unique, grand, puissant, omniscient ; un Dieu qui a créé l'homme, son fils, à son image. Le but de cet homme n'est ni la haine, ni la guerre, ni la victoire, ni l'oppression, ni la fortune, mais l'amour, la paix, la vertu, et avec ces conquêtes, la prospérité, la fraternité et la liberté. L'homme n'est pas un corps matériel et mortel, mais un être spirituel et immortel. L'âme n'est pas l'instrument du corps, mais sa divine maîtresse ; c'est elle qui le domine, qui le sanctifie, qui le divinise, qui l'immortalise. Dieu, en donnant à tout homme une âme, veut qu'il puisse s'approcher de lui par la vertu et le devoir.

Donc, plus d'esclavage ! chacun travaillera selon ses facultés, accumulera son travail et le laissera à ses enfants. S'il n'a pas les qualités de s'enrichir sur la terre, il pourra amonceler des vertus de l'âme pour être riche dans le ciel.

Plus de guerre! les hommes sont frères; chacun, selon ses qualités, doit pouvoir monter du dernier échelon jusqu'au premier, soit en vertu, soit en propriété. La vie n'est pas une descente de la naissance à la mort, mais une ascension à travers la mort, vers Dieu, son principe, d'où elle est sortie. Dans ce chemin, il y a place pour tous, chacun selon son esprit, sa force et son travail. Le but de la vie sociale n'est pas la victoire de l'homme sur l'homme, mais la paix par l'ordre, laquelle paix donnera à chaque travailleur assez d'espace pour développer toutes ses qualités, afin d'accumuler le travail par la propriété et le bonheur éternel par la vertu.

Plus de despotisme enfin! Les relations de l'homme ne doivent pas être réglées sur les bases du droit du plus fort, sur le triomphe de la nature périssable, mais sur les devoirs de l'âme venant de Dieu. Que chacun fasse son devoir, dicté par la loi de Dieu, et tout le monde jouira de ses droits, sans avoir besoin d'y être forcé par un despote; sans rester continuellement sur le qui-vive, pour n'être pas subjugué et rendu esclave par son voisin.

Si vous voulez goûter le bonheur ici-bas, proclamez sur la terre les lois du ciel. Vous êtes des hommes, c'est-à-dire des fils de Dieu Vous ne régnez sur la nature qu'en vertu de votre âme, sceau céleste, que Dieu a imprimé sur chaque être humain. Que les lois de l'âme, c'est-à-dire du devoir, soient proclamées, et vous aurez l'*ordre* qui représente Dieu, créateur de l'univers, et, avec l'ordre, paix, prospérité, liberté et fraternité! »

Cette parole, à peine prononcée, et la guerre stérile entre la matière et la force brutale se métamorphose en lutte féconde, entre la matière et l'esprit. Dès ce moment, la face du monde est changée. Il s'agit d'abord de trouver un point d'appui pour l'abolition de l'esclavage, par la transformation du travail en propriété. Cette transformation ne peut se faire que du haut en bas, c'est-à-dire par le gouvernement. En effet, celui-ci, devenu chrétien, pèsera de tout son poids moral, sur les détenteurs de la liberté humaine et les forcera de faire leur devoir; non plus en vertu du droit du plus fort, mais au nom de Dieu et de la religion.

Il faut donc tout d'abord, que le pouvoir lui-même, sans être despote, soit au-dessus des atteintes de la force brutale et numérique; afin de pouvoir garantir la propriété, c'est-à-dire l'affranchissement du travail. Il faut que le pouvoir devienne lui-même un principe moral, au-dessus des hommes; une émanation directe du devoir; une sauvegarde perpétuelle de l'hérédité de la propriété. Il faut, en un mot, qu'il soit héréditaire, afin de n'avoir besoin ni de briguer les suffrages des puissants du pays, aux dépens du peuple, ni de s'établir par le droit du plus fort, brisant tous les liens moraux, sacrifiant l'esprit à la matière, le devoir au droit.

Mais, hélas! l'homme a beau se spiritualiser. Il reste toujours une moitié de poussière, pétrie de passions et de vices.

Le pouvoir a beau être héréditaire, il se pourrait toujours qu'un roi, oubliant ses devoirs, fît cause commune avec les hommes matériels de son époque, contre les commandements de l'âme. Force serait donc de trouver les moyens pour empêcher le principe de devenir homme ; afin de rappeler toujours à cet homme, qu'il n'est qu'un devoir vivant, et nullement un droit périssable. Ces moyens seraient trouvés dans une réunion d'hommes d'élite du pays, dans un concile permanent de vrais chrétiens, revêtus du pouvoir moral, dans le but de maintenir la royauté dans les limites du bien, dans son véritable principe d'ordre et de liberté.

Ce n'est pas tout. Le progrès pratique ne se réalise pas d'emblée. Qui donc fera entendre au pouvoir les vœux et les besoins du peuple ? Qui sera appelé à se charger de l'administration ? Qui fera connaître au pouvoir les hommes distingués du pays ? Qui, du reste, renouvèlera le principe de l'ordre quand, par hasard, il s'éteint dans une famille, ou bien quand il sera représenté par un enfant ? Il faudrait donc inventer des assemblées, organes sincères de la nation entière. Ces assemblées, convoquées périodiquement, empêcheraient le pouvoir de transgresser ses limites, lui feraient connaître et les besoins du pays, et les hommes capables de les satisfaire.

Bientôt une lutte s'établirait entre ces assemblées et le pouvoir. Celles-ci, ne représentant que les droits du peuple, faisant rarement leur devoir, attendu que c'est dans la nature d'une masse, d'écouter les passions plutôt que la raison, voudraient se mettre au-dessus des lois, en faisant violence au principe de l'hérédité. Une fois cette lutte engagée, il ne reste que l'alternative suivante : Ou le pouvoir est vainqueur et foule aux pieds les garanties de la liberté, à moins toutefois qu'il ne soit représenté par un homme de devoir et de grandeur morale; ou bien l'assemblée triomphe, renverse le pouvoir héréditaire, et introduit le principe électif. Dès-lors, plus de garantie pour la propriété. La brèche faite, personne ne voudra plus travailler. Tout le monde aspirera au pouvoir sans faire son devoir, et à la propriété, sans travailler. Tout devient d'abord électif. Quelques moments après, tout se donnera par le droit du plus fort.

C'est une société à recommencer. La parole du chrétien a disparu. L'âme, lumière du ciel, pâlit; la matière seule, reflet de la terre, rayonne. L'homme descend de son trône spirituel dans l'arène de la force brutale. Dès-lors, plus de paix, plus d'amour, plus d'immortalité, plus de vertus, plus de Dieu! La vie devient, non une lutte pacifique entre la terre et le ciel, mais un combat infernal entre l'estomac et la tombe. Tout se réduira à quelques jouissances matérielles, que les hommes s'enlèveront les uns aux autres, à la pointe de l'épée.

Les vainqueurs eux-mêmes n'auront pas le temps de dévorer leur proie. Finalement la société retournera à son point de départ. D'abord la moitié de la nation vaincue, redeviendra esclave pour travailler et laisser jouir l'autre moitié victorieuse. Cela s'appelle une république.

Bientôt, cette autre moitié victorieuse, aprés s'être décimée dans la même guerre, retombera elle-même sous le joug d'un seul. Heureuse, si celui-ci lui laisse momentanément sa propriété en échange de sa liberté. Tôt ou tard, cette propriété même sera compromise avec la vie, à moins que le principe chrétien ne surgisse de nouveau pour affranchir l'espèce humaine de l'esclavage matériel, du fait accompli, c'est-à-dire du pouvoir athée établi par les révolutions et le droit du plus fort.

III.

Ce principe de salut reparu, les éléments indispensables de sa constitution seraient forcément ceux-ci :

Premièrement : Pouvoir héréditaire avec primogéniture, institué par le peuple faisant son devoir, comme principe forcé, nécessaire, inviolable de l'ordre, comme glorification de l'amour divin, comme symbole d'affranchissement du travail, comme garantie de l'hérédité de la propriété, comme seul moyen de liberté, de paix et de prospérité.

Deuxièmement : Une assemblée représentant la nation entière sans exception, avec le vote forcé comme devoir et élue par différents dégrés.

C'est le corps réuni à l'âme; c'est la vie.

Troisièmement : Un parlement, élu un tiers par le pouvoir, un tiers par l'assemblée et un tiers par les conseils provinciaux. Ce parlement doit être un concours ouvert au génie, à la vertu, à la piété et surtout à l'expérience. Pour y être admis, il faudrait du moins avoir l'âge de quarante-cinq ans; c'est la raison harmonisant toutes les fonctions du corps politique.

Voyons maintenant quelques détails indispensables.

L'assemblée nationale ne peut être permanente, mais périodique; elle doit pouvoir être dissoute par la royauté avec le consentement de son parlement permanent, dont les membres doivent être très-restreints, et dont le tiers de chaque tiers sera renouvelé tous les cinq ans.

Aucune loi organique ne pourra être proposée ni discutée par l'assemblée, avant d'avoir passé par le parlement.

Aucun projet de loi, refusé par l'assemblée, ne peut avoir force de loi; *son vote, toutefois, ne serait que suspensif.* Au bout de trois refus, si la loi revient par le parlement et le roi, elle est promulguée (1).

Les élections de l'assemblée doivent être fréquentes et renouvelées tous les trois ans. Représentant les intérêts du peuple, elle doit changer comme ces intérêts. La fréquence des élections empêche les révolutions.

En cas de minorité ou d'extinction d'hérédité, le parlement convoque la nation, qui se prononce, soit par voix directe, soit par mandat impératif. Le parlement sert d'arbitre politique pour les litiges du pouvoir et de l'assemblée.

Tout appel aux armes et à la violence, soit par la parole, soit par le fait, est déféré

(1) Si l'assemblée de 89 avait été dans ce cas, à la place de Louis XVI avec son vote suspensif, la France, la liberté et l'humanité eussent été sauvées pour des siècles. Avec le vote suspensif, le gouvernement apprendra à connaître la volonté du pays, et ne risque pourtant pas d'être tyrannisé par une faction parlementaire. C'est le seul moyen d'accorder le principe d'ordre avec la liberté, l'hérédité avec l'élection.

au parlement. Si le mot *coupable* est prononcé à l'unanimité, la peine doit être la plus rigoureuse sans pouvoir être ni commuée, ni graciée par l'autorité; car dans une société chrétienne, où chacun est forcé de faire son devoir pour jouir de ses droits, l'insurrection, qui est le droit sans devoir, est le plus grand des crimes.

Eh bien! ce peuple existe. Dieu l'a fait passer par toutes ces épreuves, afin qu'il serve d'exemple et de modèle à l'humanité.

C'est la France.

Idolâtre, polythéiste, tour à tour république, empire romain, toujours despotique, toujours esclave, ne connaissant pas encore la liberté, la France, la première[1] entre les nations, a entendu les paroles divines du Christ.

La Germanie lui apporta la royauté, la Judée lui envoya la liberté.

Clovis créa le royaume, le Christ créa le peuple français. Si le principe d'hérédité avait eu son développement naturel, nul doute que le règne de la féodalité n'eût moins pesé sur la France; mais elle devait passer par toutes les épreuves. Les Francs avaient entrevu l'idée du principe de l'ordre, puisque la royauté, chez eux, devait être inviolable derrière la responsabilité du maire du palais. Mais le peuple n'était pas encore affranchi, et cette institution n'aurait profité qu'aux leudes et aux hommes libres, c'est-à-dire aux hommes armés. Bientôt la France apprit à connaître la valeur des usurpations. La royauté Carlovingienne, malgré Charlemagne, fut une longue épreuve de guerres, de douleurs et d'humiliations. Mais, à travers ces douleurs et ces peines, marche toujours la grande idée du christianisme. Cette idée finit enfin par trouver un point d'appui dans la royauté héréditaire. Dès-lors, une guerre à mort est déclarée au servage et à la féodalité, c'est-à-dire à la matière et au droit du plus fort. Bientôt cette hérédité trouve un législateur, un vrai révélateur chrétien, dans la personne de saint Louis, incarnation vivante du devoir. La nation, s'affranchissant par le travail, réclame et obtient des franchises politiques; elle garantit ses libertés par les États généraux ; elle obtient justice enfin contre l'injustice légalisée des grands feudataires par les parlements. Appuyée sur son principe d'ordre, elle avance vers l'unité à travers les révolutions et les guerres civiles, comme une fée marchant insouciante à travers l'eau et le feu. Lorsque tout à coup le principe infernal de l'insurrection l'arrête dans sa course divine. C'est un malheur... Non ! c'est encore une double épreuve.

La première montre à l'humanité que, vainqueur ou vaincu, tout peuple qui laisse entrer chez lui l'athéisme du fait, la brutalité du droit de plus fort, le blasphème de la matière, est condamné au despotisme et à l'anarchie.

La royauté, d'abord victorieuse, dégénère en absolutisme et devient païenne elle-même.

Rappelé à ses devoirs par des voies nationales et chrétiennes, le peuple à son tour triomphe, oublie ses devoirs, renverse son point d'appui et devient la proie d'une anarchie bestiale et infernale.

De cette anarchie sort de nouveau le despotisme, le doute et le néant. L'épreuve est-elle complète ? Oui ; il s'agit seulement de savoir si la France est encore un peuple chrétien ou non, si elle aime mieux être la reine de la matière brutale que l'aînée de la pensée chrétienne, la prêtresse de l'immortalité et de la liberté. Il s'agit de savoir si la France a une âme divine, ou si elle n'est plus qu'un corps creux, se soutenant seulement par l'écorce, hébergeant dans son vide, où jadis était le cœur, des bandes de hiboux et de corbeaux révolutionnaires ; semblable à ces vieux arbres creux, vides et morts, servant de gîtes aux oiseaux de proie de la montagne.

Il s'agit de la vie et de la mort.

Si la France est encore chrétienne, si, croyant en Dieu, elle affirme que la vie n'est qu'une glorification de l'âme sur la matière, une lutte entre le ciel et la terre, que l'homme n'a pas été créé pour subjuguer son frère, mais pour lui ouvrir toutes les voies de salut et de liberté par le travail et la propriété, par la paix et l'amour, par le devoir et la vertu, elle instituera de nouveau un pouvoir héréditaire avec toutes ses conséquences politiques et représentatives; seul principe d'ordre et de liberté, afin d'assurer la paix et le progrès, afin d'émanciper le peuple de tous ses préjugés de violence, afin d'élever continuellement l'homme vers Dieu, chacun selon ses forces et qualités, afin de fonder la société divine du devoir, où le dernier comme le premier jouira de tous ses droits.

Sinon, qu'elle périsse!

Une mort violente pour elle vaudrait mieux qu'une vie matérielle et abrutissante de l'athéisme révolutionnaire. Derrière la mort est la résurrection.

Mais derrière une vie de mensonges, de blasphèmes et de glorification de la force brutale, il n'y a que le néant et l'expiation.

Il n'y a point de milieu entre l'erreur et la vérité, entre Dieu et Satan.

Ou la France, se retrempant de nouveau dans le principe chrétien, réintégrera l'hérédité du pouvoir et profitera des exemples passés pour la rendre féconde, par des institutions nationales et conservatrices, ou elle disparaîtra comme l'empire romain, comme toutes les nations idolâtres, polythéistes ou païennes, qui ont péri par le principe de la matière.

Ce qui est poussière redevient poussière; le principe seul est immortel, car il représente Dieu sur la terre.

Jésus-Christ est le principe créé homme, le pouvoir héréditaire est l'homme créé principe. Tous deux, ils resteront!

DEUXIÈME PARTIE.

LA POLITIQUE ET LA RELIGION.

I.

Depuis plus d'un siècle la France n'a plus ni politique ni religion. La politique a été remplacée par la diplomatie, et à la place de la religion on a mis le mot religiosité. Le signe distinctif d'un siècle de décadence est la transformation du vice en vertu par un changement de mot. L'avarice s'appelle économie, la lâcheté, prudence, et le crime, fait accompli.

C'est aussi depuis un siècle que la sottise en place et le pédantisme en évidence ont entassé lieu commun sur mensonge, pour tracer une ligne de démarcation entre la religion et la politique. Autant entendre des paralytiques proclamer que la santé et la vie sont deux choses différentes et indépendantes l'une de l'autre. La politique et la religion sont tellement identiques que, presque chez tous les peuples, la forme politique n'a été que la conséquence forcée du principe religieux. Chez quelques-uns seulement, la religion s'est modelée sur les premières notions de la société. Ils étaient dans le faux, mais ils étaient logiques.

Aussi longtemps que la religion était humaine, elle servait de porte-queue à la politique. Dès qu'elle devient divine, elle en est le porte-flambeau. Partout l'humanité est le point de cohésion entre le ciel et la terre. Là où l'homme matériel tient de l'animal plutôt que de l'ange, il ravale le ciel et le modèle sur ses idées de la vie terrestre. Là, au contraire, où, s'émancipant par l'esprit, l'homme plante fièrement son berceau dans le ciel, la terre, c'est-à-dire la loi politique, suit ce mouvement ascendant et se transforme en loi morale.

Tout le progrès de l'humanité est dans cette différence. L'homme intellectuel, le chrétien, élève la terre vers le ciel et crée la liberté par l'immortalité de la vie; l'homme matériel, le politique du fait, anihile le ciel et aboutit forcément au despotisme. Le premier spiritualise la matière et la rend immortelle, le second matérialise l'esprit et l'assassine. Le premier approche de l'ange; le second dégénère en brute. Le premier crée l'individu, et, par la liberté, le fait sortir de la masse brutale, en l'élevant vers Dieu; le second abaisse les hauteurs de l'esprit au niveau de la masse et crée l'égalité de l'esclavage. Le premier enfin a créé l'hérédité du pouvoir et de la propriété, le second a inventé la démocratie élective et le communisme.

La société historique commence presque partout par l'idolâtrie et le despotisme, c'est-à-dire par l'*égalité négative*. En effet, la seule égalité créée par l'homme, comme droit, est celle de l'esclavage devant un despote et une idole.—L'égalité morale devant la loi n'est pas un droit, mais un devoir, la loi morale n'étant pas l'œuvre de l'homme, mais celle de Dieu.—L'égalité de fait au nom du droit, c'est l'esprit, esclave de la matière, c'est la masse qui proclame le despote et l'idole, sauf à les abattre tous deux quand ils ne lui plaisent plus, pour en créer d'autres.

Quand une société prend une bête ou un bloc de marbre pour en faire un dieu, personne ne se plaindra de cette supériorité. C'est l'orgueil humain, jaloux d'égalité, qui a créé l'idolâtrie et le despotisme. Quand personne n'a de droits devant le despote, tout le monde est égal; d'autant que le despote lui-même sera tôt ou tard mis au niveau de l'égalité générale. Dans une telle société, tout est négatif, même la divinité. De liberté, pas une trace; car la liberté exclut forcément l'égalité. Que ce soit l'idolâtrie qui a créé la tyrannie ou la tyrannie qui a créé l'idolâtrie, peu importe! Toujours est-il que les deux négations sont parallèles et réciproquement cause et effet. Dans une telle société, la religion est un abrutissement et la vie une mort permanente.

Si jamais l'égalité sociale parvenait à s'emparer des hommes; si, de nouveau, l'esprit devait être enchaîné par la matière, et qu'un communisme brutal fût introduit de gré ou de force, les hommes, poussés par la logique, auraient encore recours à une religion équivalente; de nouveau la société, dominée par le despotisme de l'égalité, s'abîmerait dans l'idolâtrie, dans la déification des passions immondes et des bêtes inintelligentes.

II.

Le despotisme et l'idolâtrie furent le commencement de la société. Bientôt l'intelligence, ayant entrevu la liberté, enlève l'homme un pas au-dessus de la terre. Le despote est chassé, quelques familles s'affranchissent de l'égalité tyrannique, et à l'instant l'idole est renversée, la bête déifiée bannie de l'autel ; l'homme, devenu demi-dieu lui-même, proclame la moitié de son affranchissement, et crée l'Olympe. Dès-lors, l'oligarchie du ciel et celle de la terre marchent de front l'une à côté de l'autre.

Le ciel des Grecs, en effet, est une véritable oligarchie; les dieux y tiennent des rangs supérieurs et inférieurs; c'est la république oligarchique avec ses esclaves et ses patriciens Le dieu des Egyptiens n'avait pas besoin d'esclaves, tout le monde l'était. Le despotisme ou le communisme n'est pas un édifice s'élevant de la terre vers le ciel, mais un cercle plat gisant par terre avec un point central. Avec le polythéisme, l'homme commence à s'affranchir de l'égalité; il élève ses regards en haut ; il marche. L'individu se détache de la masse et plane sur elle comme esprit supérieur. Aussi, la nation grecque est-elle riche en demi-hommes, c'est-à-dire en demi-dieux. C'est de là que date la première notion de la liberté humaine, c'est de là que date l'histoire de l'esprit humain.

Toutefois, cette liberté est restreinte. La démocratie, bien qu'oligarchique, prédomine. La religion est encore à l'état de l'anthropomorphisme. L'homme se fait Dieu, Dieu ne s'est pas encore fait homme. La démocratie égalitaire remporte de nouveau la victoire. Avec cette victoire, les dieux de l'Olympe sont détruits, et avec eux disparaissent le patricien et sa liberté.

De rechef, l'esclavage envahit les esprits. Des hauteurs déjà gagnées, la Grèce, au lieu de monter toujours, redescend vers la matière, renverse ses temples, détruit ses libertés, se creuse enfin une vaste tombe dans l'anarchie de l'égalité et du néant.

Alors apparaît un homme sorti d'une tribu d'esclaves, éclairé par une flamme divine descendue du ciel, dans le but d'affranchir le monde de l'erreur et de l'esclavage. De son œil intérieur il aperçoit le point culminant de l'humanité. Il voit Dieu, non pas encore face à face — ceci était réservé à son successeur — mais il en voit assez pour montrer à l'homme le but vers lequel il doit tendre, pour lui faire entrevoir la seule égalité possible dans la vie: *l'égalité devant Dieu et devant la loi révélée qui en émane directement.*

En Moïse est indiqué Jésus. L'un est le complément de l'autre.

En Moïse est contenu le christianisme, c'est-à-dire le triomphe de l'homme divin sur l'homme matériel. L'idée était révélée, le jalon posé, la route tracée, le but en évidence. Seulement, la matière se déferlant comme des flots envahissants sur ce but, le couvrit, tout en se brisant contre lui. Jésus vint et compléta la loi de Moïse en lui donnant son corps et son sang.

Dès-lors, le monde se transforme et l'humanité est sauvée. La liberté individuelle se dégage des ténèbres matérielles comme l'étincelle du caillou. Ce peuple d'esclaves se métamorphose en peuple d'élus, en peuple de dieux. L'égalité de l'homme n'est plus un niveau bas et matériel, mais le point culminant de l'esprit divin. Là est votre but, s'écrie la loi révélée. La vie n'est pas une chute dans l'abîme du haut de la montagne, mais une escalade de la vallée de misère vers la montagne des félicités. C'est Dieu qui est votre roi, et ce roi n'est pas fait pour vous abaisser, mais pour vous attirer à lui. Dès ce moment le corps n'est plus que le marche-pied de l'âme ; dès-lors, l'homme est vraiment libre. Esclave par la matière, il la dompte et devient roi par l'intelligence et la foi. C'est là la seule et unique émancipation de la chair, car elle est déifiée par l'âme ; c'est là la véritable renaissance de l'homme, car c'est la mort de la mort.

C'est alors que l'homme, la main levée vers le ciel, peut, comme Diogène au marché des esclaves, s'ecrier : *Qui veut acheter un maître?* Car celui-là est le maître dont l'âme est le plus près de Dieu. Celui-là est le maître qui a le plus cultivé son intelligence et éprouvé sa foi. Celui-là enfin est le maître qui, loin de craindre la mort, en fait un instrument de vie éternelle. Ce maître n'est ni despote, ni dominateur, ni tyran, c'est le chef qui sert d'exemple et de modèle, qui enseigne comment l'homme grandit en intelligence et vertu ; comment enfin cet homme faible, passionné et mortel dompte tout : faiblesse, passion et mort.

Moïse, pour mieux neutraliser les passions de l'homme, intronisa Dieu lui-même roi d'Israël. Mais l'homme social a besoin d'un représentant direct et humain de Jéhova. Ses devoirs remplis, l'homme s'en prend à l'homme pour la satisfaction de ses droits. La vie est double ; elle est matière et esprit. Il lui faut également un corps social double : *Dieu et le roi.* Seulement, de même que l'âme domine la matière, il faut que Dieu et sa justice éternelle dominent le roi, c'est-à-dire le gouvernement.

Dès que la religion divine se révèle, la politique en subit les conséquences et s'y subordonne.

Jusqu'à la révélation du christianisme, il n'y avait ni royauté, ni liberté. Les rois juifs ne l'étaient que de nom. Exerçant le despotisme, ils deviennent tous idolâtres, ou plutôt, reniant la loi de Moïse, ils dégénèrent tous en despotes. La logique ne transige jamais. Ils ne pouvaient exercer le despotisme qu'en revenant aux errements de l'idolâtrie. La plupart d'entre eux ne connurent même pas Moïse de nom. Avec le christianisme seul, le roi, de pivot d'esclavage qu'il était, devint le symbole vivant de la justice, posé sur le sommet de la société. Avec le christianisme seul surgit, comme première création, l'hérédité de la royauté. De la religion du Christ jaillit la justice du roi.

III.

Qu'est-ce que la religion ?

Qu'est-ce que la politique ?

Voilà deux questions que s'adressent tous les jours les ombres vivantes de notre siècle qui s'appellent hommes, en y répondant mentalement : Ma foi ! je n'en sais rien.

Cela ne les empêche pas d'inventer des religions et de monopoliser la politique.

Qu'on se figure un homme, une espèce de Robinson Crusoé naufragé, abordant dans une île déserte et solitaire. Après avoir erré pendant quelques jours, se nourrissant d'écorces et de racines, cet homme fait des efforts inouïs pour se procurer du feu. Il fait tentatives sur tentatives et trouve enfin le moyen de frotter deux morceaux de bois sec l'un sur l'autre, d'où jaillit le feu tant désiré. Ce n'est rien encore. Cet homme est nu. Il lui faut des semaines pour se faire une espèce d'accoutrement composé de feuilles, de morceaux de peau trouvée, dont il rattache les bouts avec des osiers et des lianes. Il n'a rien encore. Il use plusieurs mois à s'élever une hutte et à se forger des instruments pour aller à la chasse. Heureux si, après tant de peines, de souffrances, de privations et d'efforts, il trouve un Vendredi pour lui raconter son histoire, pour faire de lui le confident de ses triomphes et de ses joies.

Demandera-t-on, à côté de cet homme, à quoi sert la civilisation? Elle sert à n'avoir pas besoin de recommencer la société humaine avec chaque génération. L'homme civilisé, en naissant, trouve le feu, la chaumière, l'habillement et la nourriture. Il jouit de soixante siècles de travaux et d'efforts. Il n'a qu'à poursuivre l'œuvre de ses prédécesseurs qui lui ont fait la tâche facile.

Eh bien! il en est de l'intelligence comme de la matière. Qu'on mette un homme tout seul en face de lui-même, sans foi ni religion, ni principes. Après être tombé d'erreur en erreur, d'aberration en aberration; après avoir usé toute une vie dans le doute, dans l'étude et dans l'observation, il arrivera à entrevoir un petit bout de la vérité. Du frottement de son esprit sortira une étincelle divine. Marchant sur cette trace lumineuse, il trouvera la morale, la supériorité de l'esprit sur le corps; enfin, grâce à son génie, à des efforts surhumains, il tombera sur la vérité de l'immortalité de l'âme et fondera toute une société sur cette base divine.

Que de ruines, que de malheurs, que de souffrances avant d'arriver à ce chemin de salut!

Eh bien! tout cela est superflu, tout cela est trouvé; vous n'avez plus rien à donner à l'homme. Dieu, dans sa miséricorde, lui a tout donné.

Vous lui enseignez la sagesse; il n'en a pas besoin : il a la foi.

Par la foi, le dernier des chrétiens est à la hauteur de Platon et de Plutarque.

Vous admirez le génie si rare parmi les hommes; le christianisme l'a universalisé. Avec la foi, le génie est superflu. Quelle est donc l'œuvre du génie inaccessible à la foi?

Après des peines sans nombre, vous arriverez enfin à la fortune. Qu'importe la fortune à la foi? Elle la regarde d'un air de pitié, souvent de mépris. Quelle est donc la jouissance de la fortune qui ne soit surpassée par les jouissances de la foi?

Enfin, votre philosophie apprend à l'homme à mépriser la mort. La foi lui a appris longtemps avant vous à immortaliser la vie. C'est bien plus. Que pouvez-vous donc donner à l'homme après Dieu qui lui a donné la religion? RIEN.

Et en lui ôtant cette religion, vous lui ôtez TOUT.

Oseriez-vous encore demander à quoi sert la religion?

Elle sert à élever le dernier des hommes à la hauteur du premier.

Elle sert à instituer la seule égalité possible, l'égalité de bas en haut.

Il n'y a point d'autre égalité.

IV.

Or, de cette religion est sortie l'hérédité du pouvoir, non comme hasard, mais comme conséquence forcée d'un principe primordial. En effet, dès le christianisme, la royauté n'est plus un *droit*, mais un *devoir*. Le roi n'est plus le législateur, le héros, le génie, mais le représentant de la justice chrétienne. Sa personnalité disparaît dans le principe qu'il représente. Le trône n'est plus un autel d'idolâtres devant lequel s'abat fortune et vie, mais un siége de juge permanent, autour duquel se groupent la patrie, la liberté, la prospérité, au-dessus duquel règne la croix.

Ce trône ne peut être vacant, car la justice ne vaque pas. Que l'homme qui l'occupe soit fort ou faible, peu importe; pourvu qu'il ait ses regards tournés vers celui qui juge tous les mortels, devant lequel il est l'égal du dernier de son peuple. La royauté chrétienne n'a jamais été, ne saurait jamais être absolue. Elle ne l'est devenue, comme celle des Juifs, qu'en reniant le Christ et le christianisme. Dès que la philosophie chasse la religion, arrive au galop le despotisme d'abord de la démocratie, puis de l'anarchie, puis enfin de la tyrannie d'un seul.

Le christianisme a eu bon nombre de mauvais rois; mais il a suffi que le principe chrétien fût maintenu pour en tirer tôt ou tard des conséquences fécondes et bienfaisantes. Vu de près, le plus mauvais roi chrétien valait mieux que le meilleur roi ou dictateur païen. Que reste-t-il donc de quelques grands rois de l'antiquité? Socrate, Plutarque et Platon, c'est-à-dire des sages égalés par le dernier des paysans chrétiens, ayant la foi et suivant les préceptes du Christ.

Saint Bernard n'a pas besoin de génie pour égaler et dépasser Socrate. Jeanne d'Arc, sans être ni lettrée ni philosophe, dépasse toutes les femmes de l'antiquité.

Quand la grandeur d'une nation est dans le génie d'un roi, cette grandeur disparaît comme poussière après la mort du monarque; mais quand elle est dans un principe, les causes en sont toujours efficientes.

Le successeur d'un roi philosophe démolit régulièrement en un jour l'édifice élevé par son prédécesseur durant un demi-siècle. Tibère succède à Auguste, Domitien à Titus, Commode à Marc-Aurèle; mais cent rois médiocres peuvent occuper le trône de saint Louis; ils peuvent même être vicieux, le principe religieux qui les domine les force de suivre la voie tracée par le juste, c'est-à-dire de poursuivre l'affranchissement du peuple et l'unité de la patrie.

On n'a qu'à pénétrer dans les mœurs des rois du moyen âge pour se convaincre que la royauté héréditaire était dans une voie de progrès continu, et que, même à travers des vices, elle marchait sur le chemin de la vertu et de la justice. Elle n'a été arrêtée dans cette course, elle n'a dégénéré qu'avec la renaissance de l'esprit païen, qu'on appelle faussement la renaissance du progrès et de la liberté. Ce n'est pas la liberté qui date de cette époque, mais la licence, la violence et le despotisme. Dès l'invasion de l'esprit de doute et de résistance violente, tout dans la société périclite. La liberté n'est plus le fruit du principe de religion, de devoir et de justice, mais du droit du plus fort. Autant exiger d'un tigre de produire un agneau.

L'autorité n'est plus le gardien du faible et du pauvre, mais le bourreau du condamné. La royauté n'est plus un *principe*, mais un *parti*. La société n'est plus un être collectif qui croit, agit, prie et travaille; mais un être à tronçons coupés qui s'agitent, s'entrechoquent et s'entredévorent. Le roi lui-même n'est plus un juge chrétien, mais un chef militaire, un glaive vivant qui frappe. L'idée chrétienne n'existe plus. Les protestants sont des démocrates factieux qui, sous prétexte de quelques abus, tendent à s'emparer du pouvoir absolu. Les catholiques deviennent des fanatiques sans foi qui tuent et massacrent au nom d'un dieu qu'ils ne connaissent plus, qu'ils blasphèment par leurs mœurs et leurs actes. Là commence la décadence de la société. La démocratie surgit de nouveau avec ses doutes, ses négations et ses violences. Elle détruit d'abord le principe monarchique et le transforme en absolutisme, pour le renverser plus tard, afin de se mettre à la place par l'anarchie et la dictature.

V.

Mais la société ne saurait périr. Une vérité ne saurait disparaître. Depuis plus d'un siècle, les penseurs, les philosophes, les hommes de génie, rejetant la foi et la religion, font des expériences sur la société pour arriver à des résultats que nos pères ont mieux connus et surtout mieux exploités que nous.

De ruine en ruine, de chute en chute, de leçon en leçon, ils sont arrivés, à force de philosophie et d'esprit, à apprendre *qu'il est un Dieu*. Grande découverte !

Ils ont encore découvert que l'homme a une âme ; que la matière lui doit être soumise ; que cette âme est immortelle, et que c'est à cause de cette âme immortelle que l'homme n'est pas tout-à-fait une bête.

Magnifique résultat de la philosophie que Gros-Jean, en 1348, savait mieux qu'eux. Il ne savait cependant pas lire.

Ce n'est pas tout ; ils sont enfin arrivés, non sans avoir pataugé dans la boue et dans le sang, à reconnaître que nulle société intellectuelle ne saurait exister, à moins que chacun ne fasse ses devoirs avant d'exiger ses droits.

Grâces leur en soit rendues. Cette sotte de religion ne savait pas cela.

Patience. Ils n'ont pas seulement réinventé la religion de Moïse et de Jésus-Christ, ils vont encore trouver leur politique.

De même que la foi rend le dernier des hommes égal au premier devant Dieu, le pouvoir héréditaire établit l'égalité devant la justice.

Par ce pouvoir seul, le peuple peut être affranchi.

D'abord il lui garantit son travail par la création de la propriété.

Sans hérédité du pouvoir, point d'hérédité de la propriété. Puis, il lui donne la liberté par le principe de l'ordre.

Tout pouvoir électif, étant un pouvoir en communauté, produit ou le communisme égalitaire, ou le despotisme d'un seul ; d'ordinaire l'anarchie et la tyrannie à la fois.

Le pouvoir héréditaire seul est capable de créer une nation et de lui donner un centre de gravité.

Seul, ce pouvoir peut être chrétien et juste, car il n'a besoin de régner ni par la force ni par la corruption. Seul il peut glorifier Dieu. Tout autre pouvoir ne représente que la force brutale. Le pouvoir électif dégénérant forcément, soit en anarchie, soit en dictature.

Tous les peuples qui ont eu un pouvoir électif ont gardé le servage et ont disparu comme nation.

Ce pouvoir enfin peut donner la liberté

et la prospérité au peuple. Lui seul aura du crédit; lui seul est susceptible de réformes pacifiques; lui seul peut vivre sans guerre qui est un principe antichrétien. Lui seul enfin représente Dieu sur la terre, c'est-à-dire la justice et la paix.

Mais nos esprits forts, nos grands hommes politiques, n'ont pas besoin d'apprendre cela du principe chrétien. Ils suppléent à tout; ils commencent d'abord par des révolutions religieuses et forcent la monarchie de devenir païenne, c'est-à-dire absolue.

Puis, poursuivant l'œuvre révolutionnaire, ils renversent cette monarchie et instituent le règne de la démocratie.

Cette démocratie ne fait qu'un mouvement, et tous ces héros révolutionnaires disparaissent étouffés, les uns dans leur rage, les autres dans leur sang.

En attendant, la liberté apparaît sur la terre en forme de guillotine, de confiscation, de guerre et d'exil.

Cette liberté disparaît et réapparaît de nouveau sous la forme d'un petit chapeau, tenant un grand sabre. Nos révolutionnaires sont enfin satisfaits. Ils reconnaissent tellement le principe de l'hérédité, qu'ils proclament héréditaire l'usurpation, le despotisme et la guerre. L'expérience n'est pas achevée encore. Dieu, dans sa justice éternelle, renverse cet échafaudage de violence et d'irreligion.

Mais nos fortes têtes de la révolution lui font obstacle. La religion sert aux uns de masque, aux autres de cible. L'édifice, à peine relevé, est de nouveau démoli par des réminiscences révolutionnaires de la grande philosophie du doute et du néant.

Ils avaient passé par la hache et le sabre; les voilà qui passent par la corruption, l'intrigue, la fraude et la trahison. Leur maître est fils d'un régicide, usurpateur, *philosophe*. Dieu seul, qui l'a jugé, sait ce qu'il est encore. Cette fois ils se croient bien forts. N'ont-ils pas l'hérédité du pouvoir? A quoi sert la religion, c'est-à-dire le principe, la morale?

De nouveau la justice de Dieu éclate dans toute sa splendeur.

Profiteront-ils de cette dernière leçon?

Reconnaîtront-ils qu'il est un Dieu révélateur de la justice divine et humaine? que la religion et la politique sont deux sœurs jumelles inséparables l'une de l'autre?

Institueront-ils à côté de cette loi divine, le pouvoir héréditaire et légitime, c'est-à-dire *moral*, seul capable d'être chrétien, c'est-à-dire d'être juste; l'unique pouvoir qui puisse donner au peuple : paix, prospérité et liberté?

Non, ils essaieront toujours; ils sont si féconds en ressources; ils sont si forts en philosophie; ils ont tant d'esprit! Ne s'appellent-ils pas des hommes d'Etat!

Qu'ils essaient donc!

Car ce n'est que lorsqu'ils seront à leur dernier essai; quand ils rouleront de cascade en cascade dans l'abîme du communisme et de l'athéisme; quand leurs crânes remplis d'orgueil seront brisés comme verre contre les bornes de la rue par la foule sans foi ni loi; quand leurs femmes seront éventrées, leurs filles violées; quand on jettera leurs cœurs déchirés, avec des croix brisées, dans la fosse commune de la révolution, alors leurs ombres pâles et dégouttantes de sang se dresseront dans leurs tombes pour se frapper la poitrine décharnée avec une main de squelette; alors seulement ils se repentiront de n'avoir pas suivi les lois du Christ, de n'avoir pas été chrétiens et royalistes, de n'avoir pas institué la royauté héréditaire et enseigné la religion révélée de Moïse et de Jésus.....

Grands hommes!

Misérables!!

LA PATRIE. — LA NATION.

I.

Plutarque commence ainsi un de ses chapitres :

« On ne donne pas à la fièvre le nom de santé, ni à la phtysie celui d'embonpoint, ni à la goutte celui d'agilité ; mais quoi de plus ordinaire, que de déguiser la colère sous le nom de courage; d'appeler émulation, une basse jalousie; et circonspection prudente, une honteuse lâcheté. »

On peut y ajouter, quoi de plus ordinaire que d'appeler liberté, un despotisme brutal; égalité, la plus infâme spoliation; fraternité, l'assassinat, et patriotisme, l'exploitation égoïste de la patrie.

Déjà la tour de Babel s'est faite au nom de l'unité.

Cela prouve d'abord qne le mal même n'est possible que sous le masque du bien.

Ce sont les démocrates qui ont inventé le mot *patriote*. Or, la démocratie étant le pouvoir électif, est l'exclusion du patriotisme; puisque partout ce pouvoir a été la cause unique du fédéralisme, du provincialisme, et finalement de la dissolution de la patrie.

Témoin toutes les républiques anciennes et modernes.

Témoin encore la Pologne, cette démocratie oligarchique.

Aucun pouvoir électif n'a pu arriver à l'unité nationale. Un pouvoir électif est un pouvoir partagé entre ceux qui ont le droit de le créer. En France, il est partagé entre neuf millions de votants. En Allemagne, sous l'empire, il appartenait en commun à plusieurs princes électeurs. En Pologne et en Hongrie, à tous les membres de la noblesse.

Or, un pouvoir partagé finit toujours par se disloquer en différentes fractions de pouvoir. Si l'empire allemand était resté électif, la moitié en serait échue à la France, qui lui a arraché la Lorraine et l'Alsace. C'est à cause de son ancien pouvoir électif, que l'Allemagne n'est jamais arrivée à l'unité. Il n'y a pas d'Allemagne, il n'y a que des Allemands. Quand il y en aura une, elle s'appellera *Prusse*, qui doit l'existence à l'hérédité de son pouvoir ; hérédité qui lui a donné un homme. Cela a suffi. Ni Frédéric, ni Pierre le Grand, n'auraient jamais été mis sur le trône par l'élection.

On connaît l'histoire de la Pologne. Grâce à son roi électif, cette nation, croupie dans le servage, moisie dans l'orgueil nobiliaire, n'a jamais produit ni un homme, ni un livre. Tous ses rois étaient ou des médiocrités, ou des despotes débauchés. Ses plus grands princes étaient des soldats.

Pas un penseur, pas l'ombre du génie législateur. Le dernier des rois héréditaires valait mieux que le premier des rois électifs de la Pologne. Quand la Pologne a été partagée, les électeurs nobles étaient gangrenés de corruption et vendus à l'étranger. Du peuple, pas une trace. Des serfs et des fanatiques. Et cependant les Polonais s'appellent les premiers patriotes de l'Europe; probablement parce qu'ils n'ont jamais connu le principe qui constitue la patrie.

Dans toute l'histoire, les pouvoirs héréditaires triomphent tôt ou tard des nations qui ont un pouvoir électif. Partout les républiques finissent par être vaincues par leur propre principe gouvernemental.

Si Sparte a vaincu les républiques grecques, c'est qu'elle avait un gouvernement héréditaire entouré d'institutions populaires. Plus tard, quand la démocratie triomphe à Sparte même de la royauté, elle partage le sort de la patrie commune, courbant la tête sous l'hérédité du gouvernement macédonien, qui produit Philippe et Alexandre.

Rome, malgré ses dictatures absolues, n'a jamais vaincu un pouvoir héréditaire. Aucun royaume subjugué par les Romains, n'a connu le principe d'hérédité. Les rois vaincus ne sont que des despotes de hasard, institués par des esclaves et gouvernant avec la force brutale. La Gaule était une république, ou ce qui pis est, un chaos de plusieurs républiques. Carthage était une république. La Judée seule résiste aussi longtemps qu'elle garde sa foi et son roi. Elle ne succombe qu'après la dissolution intérieure, par des sectes d'athées et des factions démocratiques. Si Rome avait eu un pouvoir héréditaire, le Bas-Empire ne serait jamais venu. La liberté et la justice se seraient rétablies avec les Germanicus et les Britannicus, héritiers légitimes. L'empire de Rome était pour ainsi dire électif. Les Prétoriens en furent les véritables électeurs ; de là sont venus les Galba, les Othon et les Vitellius. Rome a été vaincue par des barbares qui n'avaient pour eux qu'un commencement du principe héréditaire. Ces barbares, complétant ce principe par le christianisme, l'ont introduit en France, non sans des luttes et des déchirements intérieurs. Depuis, la France n'a jamais été vaincue un jour sans prendre une revanche éclatante le lendemain. Si pourtant. La France a été vaincue en 1813 et 1815. Mais elle n'avait plus son talisman. Elle était sous le joug d'un usurpateur.

II.

La France doit l'unité de son territoire et de sa langue à l'hérédité. On connaît l'histoire de la féodalité, la lutte soutenue durant des siècles par la monarchie contre les grands feudataires, véritables communistes du pouvoir qui, sous prétexte de liberté, d'égalité et de bien public, ont failli livrer la France d'abord aux Normands, puis aux Anglais, puis enfin aux Espagnols. Otez à la France ce pivot d'unité nationale, et tôt ou tard l'antagonisme des provinces renaîtra. Aujourd'hui neuf millions de votants décernent le pouvoir. Qui vous dit que demain ces neuf millions de votants ne se transformeront pas en neuf groupes divisés, dont chacun votera comme un seul homme? Depuis Louis XI et Richelieu, les provinces françaises n'ont plus songé à leur indépendance politique et provinciale. A peine la République a-t-elle paru, que le fédéralisme surgit de nouveau. La République a été forcée de se déclarer *une et indivisible*, et de maintenir cette indivisibilité par la guillotine en permanence. Jamais roi de France ne s'est avisé de déclarer la patrie une et indivisible. Cela s'entendait de soi-même.

La France a eu le rare bonheur de n'avoir jamais subi un pouvoir électif, c'est-à-dire un pouvoir rééligible au bout d'un certain temps. Quatre-vingt-treize en fut la première exception. C'est à cette seule circonstance que la France doit son affranchissement de Rome, longtemps avant la *réforme*, et sans changer de religion. L'empereur électif Henri IV, ce fier Hohenstaufen, a fléchi le genou devant le pape qui le déposa. Mais Philippe le Bel, fort de son droit héréditaire, brave à lui tout seul Rome et ses foudres.

Des esprits à courte vue, ont vu dans cette résistance triomphante, une atteinte portée à la religion. Or, c'est cette même France qui, grâce à cette indépendance politique, est restée catholique, et l'aînée de l'église romaine. Les princes anglais et allemands, n'ont embrassé le protestantisme que dans le but de s'affranchir de Rome. C'est à la victoire de Philippe le Bel, que la France doit la conversion de Henri IV.

C'est enfin, grâce au catholicisme conservé, que la France a maintenu son unité politique en écrasant les Huguenots, ces derniers des feudataires.

On sait que la République américaine est un état fédératif. Le pouvoir américain n'a pas le droit d'abolir l'esclavage dans une province, à moins que cette province n'y consente de plein gré. Ce qui n'arrivera jamais; car ses intérêts s'y opposent, et la démocratie n'est mue que par des intérêts.

On dit qu'en France, où il y a neuf millions de votants égalitaires, la corruption et le provincialisme sont choses impossibles. Illusion !

Voici ce qui arrive dans des républiques de cette étendue.

D'ordinaire, dans un pays vaste qui, ayant la terre et la mer, tient de différents climâts, les intérêts des diverses provinces, sont diamétralement opposés les uns aux autres. Il y a même, différence de mœurs et de langage. Cette guerre d'intérêts ne peut être écartée et étouffée que par un pouvoir fort, unitaire et héréditaire.

Quand il y a un pouvoir héréditaire, les provinces n'ont aucun levier en main pour tenter une usurpation de la minorité sur la majorité.

Il n'en est pas de même avec un pouvoir électif.

Tôt ou tard les ports de mer exigeront l'abolition de la douane, tandis que les provinces industrielles et manufacturières demanderont une augmentation des tarifs. Les départements vinicols réclameront l'abolition des impôts sur les boissons, les districts agricols en voudront le maintien.

L'Alsace pourra bien réclamer le droit de parler français en allemand. Avant cinq ans, le midi, fatigué des exigences du nord, demandera un président gascon à lui.

Et pourquoi pas? Pourquoi les provinces se sacrifieront-elles pour une capitale démocratique? Est-ce que Rome serait restée la capitale de l'Italie républicaine, si les cités provinciales avaient eu le droit de prendre part au vote du pouvoir? Elles étaient toujours esclaves. Mais là où chacun représente une neuf millième partie du roi, une capitale n'est plus qu'une superfétation, un monstre absorbant, une machine de despotisme.

Singulier contraste! Les républicains, les premiers, prétendent que Paris est la tête de la France et que cette tête n'a point à s'occuper de la volonté de ses jambes, représentées par les provinces. Ces naïfs démocrates ne se doutent pas de leur royalisme incarné. Ils refusent à la province la décentralisation administrative. Patience. Avec le pouvoir électif, non-seulement elle aura la décentralisation, ce qui est juste, mais encore la dislocation de l'unité gouvernementale. Les provinces consentent bien à jouer avec Paris à la république honnête et modérée, mais que Paris ose encore secouer sa tête ensanglantée de terreur et de république sociale, il n'y aura pas une Vendée, mais six, mais douze, qui se ligueront contre le centre révolutionnaire et qui finiront par élever sur le pavois un gouvernement spécial, en dépit de Paris et de quelques départements inféodés à la capitale.

Même, sans cette extrémité, les provinces, voyant leurs vœux méconnus par les assemblées de Paris, n'iront aux élections qu'avec des mandats impératifs.

Est-ce tout? Aucune corruption n'est-elle possible pour l'élection du président?

On l'a dit. On a dit une niaiserie.

Puisqu'il suffit de présenter plusieurs candidats pour diviser les voix et faire plusieurs diversions. Sur neuf millions de votants, dont deux millions ne votent pas, il y a, pour le moins, quatre millions de pauvres. Qu'un pouvoir étranger veuille dépenser une cinquantaine de millions de francs, et l'on verra si, de ces quatre millions de voix, il n'y en a pas de corruptibles.

III.

Il n'y a pas une seule nation sur la terre qui soit arrivée à l'unité politique comme la France. L'Angleterre est composée de trois royaumes de différentes religions. Elle doit cette quasi-unité à la monarchie et à l'extinction de la famille Stuart. L'Espagne ne doit son unité politique qu'à la perte de tous ses royaumes, et, chose curieuse, sa décadence commence du moment où son pouvoir héréditaire national devient en même temps pouvoir électif de l'Allemagne. L'Allemagne n'existe pas. La Prusse et l'Autriche tendent chacune vers une unité à part. La Russie les a devancées dans cette tendance. L'Italie doit son morcellement à ses différentes républiques, et n'arrivera à l'unité que par la fédération. La France seule, parfaite sous tous les rapports physiques et géographiques, est arrivée à l'unité par des alluvions continuels. Plus les circonférences se sont étendues, plus le centre a fait saillie (1). En cherchant la cause primitive de ce phénomène, unique dans l'histoire, on la trouve, d'une part, dans le principe de l'hérédité du pouvoir; principe qui, malgré les nombreuses atteintes à lui portées par les minorités, les ligues et les frondes, est toujours sorti triomphant de la lutte; d'autre part, dans l'esprit national de liberté qui, de bonne heure, s'est manifesté dans les *États généraux*, esprit transmis par la race franque à la race gauloise.

Croit-on que, ces causes disparues, les effets resteront les mêmes? Nullement! Seulement, un pays qui, durant des siècles, a tendu vers l'unité, ne se disloque pas en trois ans. Toutefois le mal va vite. Avec le pouvoir électif, la république et une certaine patrie pourront peut-être se maintenir, mais la France disparaîtra.

(1) C'est ce qui a fait dire à Frédéric-le-Grand que, s'il était *roi de France*, il ne se tirerait pas, en Europe, un coup de canon sans sa permission.

Aucune démocratie ne résiste, à la longue, aux attaques d'une monarchie. Ces attaques mêmes la détruisent, car elle est forcée de se donner un dictateur qui, tôt ou tard sera un usurpateur.

La république n'est jamais qu'un gouvernement provisoire. C'est un gouvernement qui en attend un autre, et qui, tôt ou tard, va au-devant de lui (1).

(1) Voici l'opinion des sages de l'antiquité, sur la démocratie. On lit dans le *Banquet des sept sages* :

« Alors l'Athénien Mnésiphile, ami de Solon, dit à Périandre : Tout ce qu'on vient de dire sur les devoirs des princes et des rois ne nous regarde en rien, nous qui vivons dans les républiques. Je crois donc que chacun de vous, à commencer encore par Solon, doit maintenant dire son avis sur le gouvernement populaire.

» Tout le monde y consentit. Solon, prenant la parole : Vous savez, dit-il, mon cher Mnésiphile, aussi bien que tous les Athéniens, ce que je pense sur le gouvernement républicain. Mais, s'il faut que je le répète encore, la ville qui doit, à mon gré, être la plus heureuse et assurer davantage sa démocratie, est celle où les citoyens poursuivent et punissent les injustices, lors même qu'elles ne leur sont pas personnelles, avec autant de zèle que ceux qui en sont l'objet.

» Après lui, Bias dit que la meilleure démocratie était celle où la loi est aussi redoutée qu'un tyran.

» Thalès. — Celle dont les citoyens ne sont ni trop riches, ni trop pauvres.

» Anarchis. — Celle où tout le reste étant égal, le vice et la vertu déterminent seuls les rangs.

» Cléobule. — Celle qui craint le blâme encore plus que la loi.

» Pittacus.—Celle qui permet aux bons, et non aux méchants, de gouverner.

» Chilon. — Celle où l'on écoute beaucoup les lois et peu les orateurs.

» Périandre parla le dernier. *Ces différentes maximes*, dit-il, *paraissaient toutes préférer la démocratie* QUI RESSEMBLE LE PLUS A LA MONARCHIE.

LA GLOIRE. — LES GRANDS HOMMES.

I.

Ce qui rend une nation immortelle ; en d'autres termes, ce qui constitue sa nationalité, ce ne sont ni les grands guerriers, ni les grands orateurs, ni les grands diplomates, mais uniquement les grands penseurs, les grands écrivains, les grands représentants d'un principe moral et religieux. L'homme n'est rien par sa force, il n'existe que par l'esprit. La force est fugace, l'esprit seul reste et prend racine. Qu'est-ce qu'un héros sans historien? une fable. Que serait Achille sans Homère? que seraient les héros d'Athènes, de Thèbes et de Rome sans Plutarque? Avec Homère, Achille n'a pas même besoin d'avoir existé. Avec Plutarque, il est parfaitement indifférent que ses grands guerriers aient, en effet, fait et dit ce qu'il raconte d'eux. S'il les avait inventés, ils auraient pour l'humanité la même valeur. La sagesse, pour être vraie, n'a pas besoin d'avoir été exercée. Le Thalmud prétend que Job n'a pas existé. Qu'importe! Celui qui a fait le livre a existé, de même que celui qui nous a laissé la Bible et l'Evangile. Rien de plus oiseux que les querelles des savants sur la Sainte Ecriture. Ils se battent les flancs pour prouver que Moïse n'est pas l'auteur de la Bible, tout en lui attribuant le livre de Job, comme si la sainteté de l'Ecriture dépendait d'un nom. Elle existe, elle est devant nous. Elle est divine, car elle est vraie, car ses lois sont admirables de sagesse révélée. En outre, elle a des parties humaines. Cela suffit pour prouver qu'elle est l'œuvre d'un homme élu de Dieu. Les défauts humains qu'on y trouvent sont un cachet divin de plus. Dieu en communiquant avec les mortels par un homme, son missionnaire, laisse à cet homme des faiblesses et des défauts qui le rattachent à la matière humaine. Les défauts passent, la vertu reste. Ce qui est humain meurt dans un livre comme dans l'individu. Ce qui est divin, reste comme témoignage de l'origine céleste, comme semence et nourriture pour les grandes âmes à venir.

Il y a toujours dans l'humanité quelques hommes d'élite et de foi, vrais piliers de l'univers, qui portent le globe sur leurs têtes. A mesure que l'un d'entre eux disparaît, un autre surgit pour le remplacer, ce qui fait dire à un sage de l'antiquité, que le jour où meurt un grand homme, un autre vient de naître.

Plutarque, ce chrétien anticipé, explique ce fait par une comparaison aussi juste qu'ingénieuse. Quand un homme aime les chevaux, dit-il, il ne passe pas son temps à élever des rosses et des haridelles, mais il prend un cheval de race, le dresse par la bride, le frein et l'éperon pour en faire un animal digne de lui.

C'est ce que fait Dieu avec les hommes. Toujours il choisit des intelligences d'élite qu'il fait passer par toutes les épreuves, dont il dompte les passions par le frein de la douleur, par l'éperon de la misère ; afin de pouvoir les montrer en s'écriant. *Voilà des hommes dignes de moi !*

C'est le mot : *Ecce Homo !*

Ces hommes surgissent rarement dans une démocratie. La démocratie, basée sur l'égalité, abaisse le niveau de l'homme plutôt que de l'élever. La mesure de la démocratie est un lit de Procuste pour raccourcir les grands ; c'est là la seule opération possible de l'égalité. Les démocrates sont des philanthropes élevant des rosses et des haridelles humaines pour les poser comme modèles. Tout ce qui les dépasse leur porte ombrage. N'ayant aucun point élevé qui leur montre le chemin de l'avenir, ils disparaissent bientôt dans les bas-fonds de leur société. Marchant de haut en bas au lieu de bas en haut, se trouvant sur une pente rapide, ils se ruent les uns sur les autres et s'écrasent mutuellement avant même d'être arrivés dans le fond du gouffre. Pour que l'homme avance dans la voie du progrès, il faut toujours qu'il ait quelque chose au-dessus de lui. C'est le seul être dont le regard embrasse à la fois la terre et le ciel, son double berceau.

Or, le pouvoir électif, n'étant pas *au-dessus*, mais *au-dessous* des hommes, est condamné tout d'abord à ne produire que des tribuns, des flatteurs du peuple, des bavards, des menteurs et des scélérats. Le penseur, le sage, l'homme de principe, de vertu, de foi, l'homme d'Etat enfin, sortant du niveau de la masse est étouffé dans son germe. Heureux s'il ne devient pas la victime de l'envie, de la calomnie et de la force brutale. La démocratie étant un état de guerre en permanence, produit, tout au plus, de grands généraux, destinés à en devenir les despotes. De là vient qu'un pays avec un pouvoir électif, n'ayant ni génie, ni science, ni gloire, ni aucune racine de nationalité, est destiné à disparaître et à perdre, tôt ou tard, jusqu'au sol de la patrie.

II.

A bien considérer la marche du progrès humain, on verra que ce progrès est partout le fruit lent de la pensée révélée par un homme de génie. Cette manière lente, mais sûre, n'est visible que dans des monarchies héréditaires. Le pouvoir héréditaire étant l'instrument du progrès social et de la liberté, sous ce pouvoir seul, l'esprit humain trouve le terrain nécessaire pour jeter des semences d'avenir. Le pouvoir démocratique peut produire de grands agitateurs, de grands guerriers et de grands orateurs, mais la monarchie héréditaire seule produit de grands hommes d'avenir. Jamais République n'a créé un grand écrivain ni un grand artiste. Les grands penseurs de la Grèce ont tous vécu sous des rois ou sous Périclès, véritable monarque qui a régné tout seul durant quarante années consécutives. Homère et Hésiode ne connaissaient pas la République. Dès que Périclès fléchit devant la démocratie, Anaxagoras, son maître, est condamné à l'exil et Phidias mis en prison. Bientôt après vient le règne d'Alcibiade, de Colon et d'Hyberbolus, puis celui des trente tyrans qui condamnèrent Socrate. C'est grâce à Philippe et à Alexandre que Platon et Aristote peuvent vaquer tranquillement à leurs travaux intellectuels. Si la Grèce entière avait eu un pouvoir héréditaire, elle ne serait jamais devenue une province romaine.

Les démocraties électives ressemblent aux vaches maigres de Pharaon. Elle se dévorent les unes les autres sans en devenir plus grasses. Rome a conquis le monde. Qu'a-t-elle laissé à l'humanité? Quelques livres écrits sous les empereurs. De tous ses grands hommes d'action, il n'est resté que le récit de Plutarque, ami de Trajan, et qui, plus d'une fois, se prononce avec vigueur contre la démocratie en faveur de la monarchie. Si Plutarque avait vécu dans une République, il aurait gaspillé son temps à guerroyer contre les médiocrités, c'est-à-dire il aurait passé sa vie à faire des choses passagères et mortelles, tandis que tel qu'il est, il a posé des jalons de sagesse qui ont servi de route à tous les grands esprits de l'humanité.

On conviendra qu'un Polonais, qu'un Hongrois peut avoir autant de génie qu'un Français. Le génie n'est ni local ni héréditaire. D'où vient cependant que ces pays n'ont jamais produit ni un écrivain, ni un penseur, ni un artiste, et qu'ils n'ont en rien contribué au progrès de la civilisation!

Il n'y a qu'une seule cause. Ces nations ont eu le malheur de gaspiller leur temps et leur génie en de misérables querelles de parti, provoquées par la nature de leur pouvoir électif. Au lieu de s'occuper des choses, elles se sont occupées des hommes. Au lieu d'apprendre *comment* l'on doit gouverner, elles ont continuellement disputé sur la question de savoir *qui* doit régner. Ce ne sont ni des chrétiens ni des sages, mais des soldats ou bien des intrigants. Aussi, pendant que d'autres nations se sont civilisées par la religion, le génie, la sagesse et la paix intérieure; elles, en dépit de la religion, dont elles n'ont su appliquer les vrais principes, sont restées à l'état de demi-barbares et ont fini par perdre l'existence nationale. Ces prétendues nationalités n'avaient aucune racine, aucune ancre spirituelle. Elles n'ont jamais existé qu'en vertu de la force numérique. Or, qu'est-ce qu'une nation qui ne pense pas? un corps sans âme. Si fort qu'il soit, il succombera tôt ou tard.

Pour durer, il faut autre chose à un peuple qu'une armée et des généraux.

Rome a conquis le monde et a courbé la tête devant un simple juif, missionnaire de la pensée divine. La vérité seule donne la force. Le vrai génie seul règne et gouverne le monde, car le génie est toujours le fils de Dieu.

III.

Il est certaines conditions matérielles indispensables à la fécondité intellectuelle. Pour avoir de bons fruits, il faut d'abord un terrain labourable, puis des semences, des laboureurs, et enfin le temps nécessaire de germinaison et de maturité.

Le pouvoir héréditaire est une de ces conditions pour la production et la culture de la pensée. Dans une démocratie, personne ne songera sérieusement à travailler pour l'avenir. Tout le monde prétend tout d'abord gouverner. Pourquoi pas? Quand le premier venu peut être président, le sculpteur, au lieu de faire des chefs-d'œuvres, fera des discours; le peintre fondera des clubs; le poëte enfin inventera des constitutions dont il sera naturellement le chef. Ou bien, comme dans une démocratie, le pouvoir échoit tôt ou tard à un soldat heureux, tout le monde se fera soldat. A quoi bon apprendre, quand on n'a qu'à prendre. Le dernier des étudiants, n'ayant pas su faire son examen, s'élèvera d'un seul bond vers les régions gouvernementales, se créera un parti et ne rêvera que des tours de main pour imposer sa volonté à tout un peuple.

Que la France garde le pouvoir électif pendant six ans, et bientôt il n'y aura plus dans ce pays ni savants, ni écrivains, ni poëtes, ni prêtres, ni hommes d'état, il n'y aura que des prétendants-présidents et de prétendus ministres. Déjà l'éducation publique en France, grâce à l'esprit révolutionnaire et aux troubles politiques, est en pleine décadence. Pour un véritable écrivain, la France produit cent vaudevillistes. L'imagination seule règne et gouverne. La raison, fruit de la science et du temps, est méprisée, comme l'expérience de la vieillesse. Personne, dans ce pays, n'est le disciple de personne. Chacun est son maître et désire être celui de tout le monde. C'est l'essence de la démocratie. Caton ayant été accueilli, à l'âge de quatre-vingts ans, par les murmures d'une jeunesse orgueilleuse, s'écria : « Comment, vous ne voulez pas écouter un vieillard que les vieillards eux-mêmes ont écouté dans sa jeunesse. » En France, on n'écouterait un Caton qu'à condition qu'il flattât la jeunesse inexpérimentée, en lui disant, à l'instar de nos grands tribuns politiques, qu'elle représente la sagesse, la force, la vertu et l'espoir de l'humanité.

C'est une des plus grandes erreurs de croire que la démocratie nourrisse et élève de grands hommes. Tous les grands caractères de la première révolution sont des hommes élevés et mûris sous la monarchie. Mirabeau, un des plus grands d'entre eux, est mort royaliste. Les tribuns de la Convention ne sont que des médiocrités violentes et verbeuses, s'ils ne sont pas de vils scélérats. Les révolutions, loin de produire des hommes, consument en peu de temps ceux qui existent. Il n'en sort que des cuistres sanguinaires, véritables limaçons quittant leurs maisons après un orage.

Washington et Franklin étaient des hommes mûrs élevés sous le pouvoir héréditaire. Depuis, l'Amérique n'a plus produit un homme. Le dernier des rois héréditaires vaut pour le moins le premier de ses présidents électifs.

Or, un pays qui cesse d'engendrer de grands hommes de pensée est un pays en friche qui bientôt deviendra stérile, faute de semence et de laboureurs. Pendant quelque temps le peuple vit de son passé, mais n'ayant plus de présent, il perd visiblement son avenir. Bon gré mal gré, ce peuple subira l'influence des monarchies héréditaires de l'étranger, et finira par en devenir la proie; car l'humanité ne s'arrête pas, parce qu'une nation en reculant, a changé son pouvoir héréditaire en pouvoir électif. Le progrès humain est permanent et continu. Seulement il voyage d'un peuple à l'autre, et d'ordinaire il va d'une démocratie à une monarchie.

Si la France a toujours été considérée comme la tête de l'humanité, c'est qu'elle a toujours eu un pouvoir héréditaire. Pendant cette longue série de rois héréditaires, elle a créé de grands hommes universels qui ont porté sa langue et ses lumières jusqu'aux pôles éloignés du globe. Elle n'a cessé de jouer ce rôle divin que durant les intervalles révolutionnaires. Sous la République, la France n'a exercé aucune influence en Europe; on la regardait avec stupeur et dégoût. Plus tard, la démocratie ayant produit le despotisme, l'Europe entière se coalisa contre la France. Quels sont les grands hommes qui resteront de la République et de l'Empire? Croit-on que les noms des généraux de l'Empire aient une valeur à côté de Corneille, de Fénelon, de Molière, de Bossuet, de Cuvier et de Châteaubriand? L'influence de la France intelligente ne redevient sensible qu'à partir de la Restauration. C'est pendant les guerres civiles de la République française que l'Allemagne monarchique se crée une littérature nationale; littérature qui, à elle seule, a renversé Napoléon. Aujourd'hui encore elle est le seul levier de l'unité nationale de ce pays; unité perdue par l'empire électif et l'esprit révolutionnaire de la réforme luthérienne. Que la France garde son pouvoir électif et que l'Allemagne arrive à l'unité par son pouvoir héréditaire, avant un demi-siècle, l'Alsace et la Lorraine n'existeront plus pour la France.

IV.

De même que l'âme, pour s'épanouir et rayonner, a besoin d'un corps défini, le progrès, la pensée collective de l'humanité a besoin d'une forme donnée et limitée. Otez cette forme qui lui sert de moule, et la pensée, se dilatant, s'évapore en mille petites parcelles. Pour que l'homme s'épure et dure par l'intelligence et la foi, il faut que, comme le sapin, il ait perdu sa résine et sa fumée par l'action de brûler, afin de devenir charbon, afin de conserver pour la maison *le feu sans fumée*. Ce moule du progrès social n'est autre que le pouvoir héréditaire. C'est dans ce moule que se forment les grands hommes, les grandes âmes, perdant la fumée par l'action de vivre, gardant pour la postérité le feu pur et sacré de l'âme; feu dont les neveux se servent pour le besoin ordinaire de la vie politique. Sous un pouvoir électif, autre moule, autre forme. Là, le feu s'en va avec la fumée. L'homme ne vit pas pour le lendemain; il consume et son corps et son âme dans la lutte matérielle de tous les jours, soutenue d'une part contre les assaillants d'en bas, menaçant de niveler tout, de mettre la justice de l'égalité à la place de l'égalité de la justice; d'autre part, contre les intrigues, les coteries d'en haut, qui surgissent toujours, là où l'outrecuidance et l'impuissance ne sont pas régulièrement exclues des hauteurs gouvernementales; là enfin où il suffit, pour devenir un homme important, d'avoir une *gueule* à la place du cœur, de l'effronterie à la place du courage, de la mimique à la place du caractère, du chauvinisme patriotique à la place des idées et du talent. Si absolue que soit une monarchie, quelques grands hommes surgiront toujours dans son sein, car ils ont eu le temps de se rendre libres par le pouvoir acquis sur leurs passions. Ils peuvent apprendre, réfléchir, observer et devenir, par la liberté intérieure, les véritables maîtres du pays. Il n'en est point de même dans une démocratie; ce n'est ni l'air, ni le sol qui manquent au génie démocratique, mais le temps. Il est ou précoce, ou indigeste, ou bien il est détourné de sa voie, avant qu'il ait la conscience de sa force.

Le mot *aristocratie* veut dire règne des *meilleurs*. Ce n'est, en effet, que dans les pays aristocratiques où naissent et fleurissent les talents de premier ordre. Or, une monarchie peut être aristocratique et appeler à elle les *meilleurs* de son époque, une démocratie ne l'est jamais sans guerre et troubles intérieurs; circonstance qui, à elle seule, exclue la vraie gloire de la pensée.

L'humanité revêt plusieurs formes pour parvenir à ses fins. Si elle a besoin de grands penseurs, de grands hommes d'avenir, elle établit la monarchie et le règne aristocratique. Si elle a besoin de conquérants, d'instruments vengeurs, elle les fait sortir de la démocratie. La démocratie n'a jamais été autre chose qu'un fléau dans la main de Dieu, pour punir les crimes des rois et les injustices des peuples. Moïse la compte entre la peste et la fièvre intermittente. Il en menace son peuple en cas d'inobservance de ses lois divines. La démocratie n'est point un élément positif et gouvernemental. Sa nature est exclusivement négative et destructive. Elle ne peut contribuer au bien qu'en qualité de contrepoids à la monarchie. Tel, l'arsenic en petite dose contribue comme ferment à la santé, et conserve certains corps; dès qu'on en augmente la dose, il devient poison.

La démocratie est à la monarchie ce qu'est la nuit au jour. Elle est nécessaire pour en faire ressortir la clarté et pour la rafraîchir. Seule, elle n'est qu'une nuit éternelle, gouvernée par des demi-lunes et éclairée par des étoiles filantes.

LE CRÉDIT.

I.

Le crédit est l'avenir garanti de la propriété; car si la propriété est le travail assuré d'hier, le crédit est basé sur le travail de demain. On a dit : le crédit, c'est la confiance. Oui, la confiance dans le travail de l'avenir. Un homme peut avoir de grandes propriétés, une immense fortune, s'il ne prouve pas par sa conduite et son travail; qu'il sait conserver ces propriétés — et conserver c'est augmenter, car celui qui n'avance pas recule — il finit tôt ou tard par perdre tout crédit. Il en est de même de l'Etat. Un pays a beau être grand et riche. Dès que, par l'ébranlement de l'ordre, le travail de demain n'est pas assuré, il n'y a plus de crédit, il n'y a plus de lendemain.

En outre, le crédit est fondé sur la justice et la liberté. Celui qui fait un engagement ne doit jamais pouvoir le rompre sans être passible d'une justice supérieure. Quand un Etat fait un emprunt, il faut que cet emprunt soit garanti par un pouvoir de justice suprême. On ne se fie pas à un gouvernement qui, sous prétexte de salut commun, peut manquer à ses engagements et à sa parole, sans pouvoir être traduit devant aucun tribunal.

Le crédit financier est une création des temps modernes. Il est le fruit des libertés publiques et des relations de justice internationale. Si les anciens rois de France avaient eu du crédit, ils n'auraient pas eu besoin de frelater les monnaies, ni de vendre les charges de judicature; ils se seraient épargnés bien des embarras avec les parlements et auraient évité au peuple plus d'une révolution. Mais on ne donne jamais à qui peut prendre, et on lui prête encore moins ; car ce qui peut arriver de plus heureux, c'est qu'il rende juste ce qu'on lui a donné.

Le crédit n'a surgi qu'avec les garanties de justice nationale. Dès que les rois n'étaient plus absolus, dès que le vote des impôts dépendait du consentement de la nation, les fortunes privées se sont présentées pour prêter de l'argent à l'Etat; car l'Etat n'était plus un *moi* représenté par le *roi*, mais la nation entière, et dans cette nation la justice était indépendante du gouvernement.

Ceux qui croient simplifier le gouvernement par une république avec une chambre unique et souveraine, loin de favoriser le progrès, tuent d'un coup le commerce, l'industrie, les finances, enfin tout l'avenir d'un pays. Qu'est-ce qu'une administration sans crédit? Qu'est-ce qu'un pays, vivant de la main à la bouche, incapable d'entreprendre des travaux de paix et de guerre? Or, une république démocratique n'aura jamais de crédit. Elle a beau faire patte de velours et offrir des garanties, on n'y croit pas, on n'y croira jamais; *car le même corps législatif et exécutif qui aujourd'hui fait un engagement, peut le défaire demain.*

On a beaucoup crié contre les assignats de la première république. La mesure en elle était bonne. La plus petite monarchie l'aurait exécutée sans danger. Mais une république est incapable de rien. C'est un malade qui mourrait d'un morceau de pain, donnant de la force à un homme sain et bien portant. Elle avait beau garantir les assignats par les biens nationaux. La même *Convention* qui fixa la somme à tel chiffre, pouvait l'augmenter le lendemain. Ce qu'elle fit, en effet. Plus un pouvoir est omnipotent, plus il est faible, moins il inspire de confiance. On ne prêta pas plus à Napoléon qu'à Robespierre. Il lui a fallu vaincre l'Europe pour trouver les frais de la guerre. Une seule défaite l'a laissé sans argent et bientôt sans armée; pendant que l'Angleterre obérée, a toujours trouvé du crédit et de l'argent en abondance. C'est que l'Angleterre avait des constitutions de liberté et de justice nationales, garantissant les dettes de l'Etat.

Le crédit est l'enfant de la monarchie héréditaire et représentative. Il n'existera jamais qu'à ces conditions.

II.

Il est des hommes prétendant que le crédit est une calamité. A les entendre, un gouvernement ne doit dépenser que juste autant ce qu'il touche en impôts et argent comptant. Ces hommes ressemblent à ces braves gens qui préfèrent la poste au chemin de fer, mais qui, hélas! ne trouvent plus de chevaux de relai.

Jamais gouvernement n'a pu égaliser son budget. Sept années grasses sont toujours suivies de sept années maigres. Dans les Etats despotiques, le manque de crédit a poussé les gouvernements aux plus grands crimes. On se trompe étrangement, si l'on croit que les empereurs romains ont inventé tant d'infâmes lois de délation, dans un but de respect pour leurs majestés. L'homme, si pervers qu'il soit, n'est pas cruel par instinct. La cruauté, si elle n'est pas le résultat d'une vengeance, est toujours le calcul d'un intérêt. Ces lois ont eu pour but direct la confiscation des richesses individuelles, et c'est souvent grâce à ces confiscations, que Tibère et Néron ont donné du pain au peuple romain. Exposés à être égorgés par une populace affamée, ils ont préféré lui jeter en pâture quelques millionnaires, et, pour avoir leurs millions, il fallait trouver un prétexte pour pouvoir les pendre.

Partout le despotisme vient faute d'argent et de crédit. Dès qu'un gouvernement, par son origine et sa forme, n'inspire plus de confiance, il sera forcé de recourir à la confiscation par l'assassinat juridique.

Est-ce que la révolution de 93 aurait songé à s'emparer des biens du clergé et de la noblesse, si un Rotschild quelconque lui eût avancé un milliard? Elle devait une proie au peuple révolutionnaire. Un chef de parti qui ne paie pas est bientôt culbuté. La Convention, par son origine vicieuse même, n'avait qu'à choisir entre le rôle de victime et de bourreau. Elle a préféré celui du bourreau.

Le crédit est aussi nécessaire à l'Etat que l'air est indispensable à l'homme. *Sans crédit, point de propriété.* Sans le travail assuré de demain, représenté par le crédit, plus de garantie pour le travail d'hier, représentant la propriété.

Or, comme une démocratie n'aura jamais de crédit, elle ne peut jamais garantir la propriété. De là vient que la propriété est forcément monarchique. Elle n'existe et ne saurait exister que dans un Etat où le pouvoir exécutif est fortement constitué sur un principe stable et immuable, où la nation même garantit le budget du gouvernement.

Certes, ces inconvénients se présentent également dans un pouvoir monarchique absolu; mais, vis-à-vis d'une démocratie, la monarchie absolue est encore un bien. Si autocrate que soit un monarque héréditaire, forcé de garantir les intérêts et la réputation de ses héritiers, il ne manquera pas légèrement à ses engagements. Mais que risque une commission exécutive démocratique, ou bien un président électif, disparaissant du gouvernement le lendemain d'une banqueroute, pour faire place à un autre gouvernement également anonyme? De quoi sont-ils responsables? Qui les jugera? L'assemblée qui les a nommés? Hélas! les assemblées ne sont que trop disposées à provoquer ces soi-disant grandes mesures de salut public. Une responsabilité partagée par une majorité n'en est pas une. Une fois lancée dans le mal et dans l'erreur; une fois engagée dans une guerre ou dans une utopie, une assemblée ne revient jamais sur ses pas, à moins qu'elle ne soit dominée ou brisée par une force supérieure. Il suffit, du reste, qu'elle ait le pouvoir de mal faire, pour que son gouvernement, perdant le crédit, soit forcé de recourir à toutes les mesures de spoliation et d'injustice; elle n'y va pas du premier bond. Une république sans crédit commencera d'abord par l'invention de nouveaux impôts. En vain ! Un gouvernement qui ne peut pas donner, finit par ne plus recevoir. Un gouvernement qui n'assure pas l'ordre par son principe, ni le crédit par la confiance qu'il inspire, ne trouvera bientôt plus de quoi se faire payer les impôts ; forcément il fera faillite. Cela n'est rien encore ; on ne vit pas pour ne pas payer ses dettes. Au bout d'expédients, et n'ayant ni crédit ni argent, il faut qu'il porte atteinte à la propriété privée. A peine a-t-il dit : *la bourse*, que le démon derrière lui y ajoute : *ou la vie*. Cela n'empêchera pas les malheureux républicains, obligés de guillotiner leurs frères pour avoir de l'argent, d'imputer tous ces maux aux réactionnaires et aux monarchistes. Ils ressemblent en cela à un pendu donnant des coups de pied à l'air ; ce n'est pas l'air qui lui fait du mal, mais la corde. Une république est un pays qui s'est pendu ; heureux s'il trouve un point d'appui pour se décrocher. Ce point d'appui n'est autre que la monarchie héréditaire.

III.

De sa nature, le crédit est monarchique, jusque dans ses moindres détails, il repose sur la constitution d'un seul chef. En effet, la plupart des établissements commerciaux et industriels se fondent sur le crédit de l'entrepreneur. D'ordinaire c'est un travailleur habile et honnête qui, ayant trouvé un bailleur de fonds ou bien une dot, se sert de ce premier jalon de confiance pour hypothéquer son travail et son ordre futurs par un crédit plus ou moins étendu. Que l'on fasse une enquête sur les établissements les plus considérables du commerce, l'on verra que c'est toujours le travail d'hier — la propriété — qui a fait des avances au travail de demain — au crédit. — C'est par cet échange de garantie que s'ouvrent les grandes sources de travail, de paix et de prospérité.

Or, l'origine de ces établissements repose toujours sur le travail et l'ordre d'un individu. Dès qu'il y a association sans chef, le crédit disparaît. Dans les compagnies industrielles, le succès dépend presque toujours de la réputation méritée ou usurpée du chef. Si celui-ci est un homme d'ordre et de probité, ses coassociés offrent une garantie de plus, car ils sont pour ainsi dire les états généraux de ce chef. Aussi la grande industrie a-t-elle été créée par des quasi monarchies représentatives. Les compagnies ont souvent été des spéculations frauduleuses, mais elles n'ont inspiré un moment de la confiance, que parce qu'elles ont semblé avoir adopté un monarque, dont la probité était garantie par la responsabilité des coadministrateurs. Le vice n'est possible qu'en singeant la vertu.

La forme démocratique est antipathique au crédit, soit dans les affaires publiques, soit dans les affaires privées. Si de nos jours des institutions de crédit ont essayé d'adopter cette forme ; cela prouve la profonde ignorance du caractère humain. A tous ces essayeurs de crédit démocratique, on pourrait répondre ce que Lycurgue a dit à un spartiate démocrate. Celui-ci lui ayant proché de n'avoir pas introduit la démocratie dans le gouvernement : Introduis-la d'abord dans ta maison, répondit le législateur.

IV.

L'économie politique de l'histoire entière, présente l'alternative suivante :

La démocratie se passe du crédit, et le remplace, ou par des conquêtes, comme Rome dans le premier temps de la République, ou par la confiscation comme du temps de Marius, de Sylla et plus tard de Tibère, Caligula et Néron.

Il est à remarquer que les empereurs romains n'étaient pas héréditaires, mais des dictateurs à vie de la République. C'est pourquoi ils ont préféré la confiscation à la guerre. Le despotisme héréditaire préfère d'ordinaire les conquêtes étrangères.

Mêmes proportions en France. La démocratie proclame la terreur et la confiscation ; le despotisme, se croyant héréditaire, remplit son trésor avec les dépouilles opimes de l'ennemi.

La monarchie héréditaire et nationale, reprouvant la confiscation et la guerre, crée le crédit et garantit la propriété.

Le crédit n'est pas une invention fortuite, c'est une conséquence logique du principe chrétien, de la justice universelle. La monarchie chrétienne, repoussant les expédients despotiques du paganisme et de la démocratie; ne pouvant ni ne voulant plus confisquer les biens d'autrui, rogner les monnaies publiques, piller les juifs, subjuguer toujours des nations chrétiennes comme elle, eut forcément recours au crédit. Or, ne trouvant pas de prêteurs sans garanties, force lui a été de donner ces garanties par des concessions politiques, par des franchises provinciales et communales, enfin par une reconnaissance formelle des libertés nationales. En Angleterre, le peuple et l'aristocratie ont su de bonne heure obtenir ces franchises royales; en France, les *États généraux* ont stipulé des garanties de liberté, en échange du vote des impôts, garantie du crédit. Dès que la monarchie, grâce aux violences des Huguenots, fut jetée hors de sa voie chrétienne pour redevenir païenne et absolue, le crédit s'en alla en fumée.

On connaît les embarras de Louis XIV vers la fin de son règne. Louis XV n'avait d'autre crédit que les lettres de cachet. C'est en 89, avec le réveil des libertés nationales, que Necker peut songer à faire un emprunt. Le crédit aurait sauvé la monarchie de Louis XVI, si de nouveau la démocratie ne l'avait tuée; si la France, au lieu de progresser dans la voie tracée, n'avait reculé d'abord jusqu'à Marius et Sylla, puis jusqu'à César.

Avec la Restauration revint le crédit, mais le gouvernement n'a pas su s'en servir. Il cherchait sa force dans le passé; elle était toute dans l'avenir. La Restauration, en effet, n'a pas su engager l'avenir sur son présent d'ordre et de liberté. Elle ressemblait à un avare, comptant l'or de son passé, sans le placer à intérêts, sans le garantir d'un voleur.

Le voleur arriva. Il emporta le trésor et avec lui le crédit.

Il revint pourtant, mais non comme un travailleur honnête enrichi par l'ordre, la probité et le travail, faisant des avances à de jeunes ouvriers, également probes et honnêtes, mais comme un usurier et un exploiteur, marchant à pas lents mais ayant la parole haute et outrecuidante. Ce n'était plus le crédit, mais l'hypocrisie du crédit. Il savait qu'il avait affaire à un gouvernement, devant toute sa fortune à un coup de main. Il savait quelles conditions on pouvait dicter à un aventurier heureux, qui ne compte pas; attendu que tout ce qu'il a, ne lui a rien coûté. Aussi ses conditions furent-elles onéreuses et usurières.

D'autre part, la nouvelle royauté parlant de la sainteté de la propriété, tout en volant le propriétaire, avait tant de dépenses à faire, tant de bouches à emplir pour les faire taire, tant de violences à récompenser, tant de trahisons à payer, que le sac se trouvait toujours à sec.

A la fin, il y avait tant d'appétits à satisfaire qu'il aurait fallu, ou recourir a des moyens violents contre la propriété, ou bien manquer aux engagements contractés. Il ne pouvait arriver au gouvernement de juillet, rien de plus heureux que la révolution magique du 24 février. Ce fut un prétexte honnête de liquidation. C'est en même temps une expiation.

Il faut que ce gouvernement illégitime et forcément corrupteur ait fait quelque bien ici-bas, pour en avoir été quitte de si peu.

Mais le 24 février n'est pas le crédit. Au contraire. La République soi-disant honnête, n'échappera pas à la logique de toutes les démocraties.

N'ayant point de crédit, incapable par sa forme même d'en obtenir jamais, elle sera forcée de recourir, ou à la guerre, ou à la confiscation. On connaît les préférences affinitives des démocraties.

Il n'y a qu'un moyen pour elle de rentrer dans les conditions de justice, de crédit, de liberté et de travail. C'est de se donner un gouvernement légitime, fondé sur un principe de stabilité, de moralité et d'autorité; principe qui seul peut donner au pays toutes les garanties nécessaires de paix, de travail et d'avenir.

Hors de là, point de crédit!

Sans crédit, point de propriété!

Sans propriété, point de liberté!

LES RÉFORMES SOCIALES.

I.

Ni la beauté, ni la nouveauté du vase, n'en constituent la bonté et la valeur. Un tonneau de marbre ciselé est bon, tout au plus, pour conserver de l'eau. Tel autre, fait de douves toutes neuves, mais mal jointes, ne vaut pas un vieux tonneau muni de bons cerceaux.

Une forme gouvernementale est le moule politique d'une nation. Pour savoir ce que vaut la démocratie vis-à-vis de la monarchie, il faut les voir à l'essai. Or, les efforts des républicains, ont toujours été en vain pour faire fonctionner régulièrement un pouvoir électif et démocratique. Si fort que soit un démocrate, quelques honnêtes que soient ses intentions, en promettant au peuple, prospérité et liberté, il représentera toujours Ixion poursuivant Junon et embrassant un nuage. Qu'il ait du pouvoir plus qu'un roi, qu'il simplifie à sa volonté les rouages de son administration, qu'il soit brillant d'éloquence, foudroyant d'énergie, s'il n'a pas de crédit, il n'a rien. C'est le tonneau de marbre fait pour contenir de l'eau. Il ne saura jamais donner aucune impulsion soutenue, au travail, à l'industrie, à la propriété.

Il ressemblera toujours à l'avare de la fable, veillant jour et nuit sur son trésor stérile. Autant vaut mettre à la place une pierre.

On a dit que la meilleure fortune était celle qu'on porte avec soi par l'intelligence et l'éducation. C'est en effet, la fortune la plus légère à porter et la plus facile à conserver. Il en est de même du principe gouvernemental. Le meilleur, est celui qui n'a qu'à paraître pour être l'ordre et le crédit. Il est impossible à un gouvernement de créer le crédit, s'il ne le porte pas dans ses flancs; et un gouvernement sans crédit sera tôt ou tard impuissant à conserver l'ordre. Si le cultivateur n'était pas sûr du soleil de juillet et d'août, il ne sèmerait pas pendant le mois de mars. Si un gouvernement ne peut pas, par son existence même, garantir le travail de l'avenir, personne ne travaillera dans le présent, et l'ordre sera forcément compromis.

Ce n'est pas tout. Il ne suffit pas de garantir le travail par l'ordre et le crédit; il faut encore pouvoir remplir les lacunes. Quel est donc l'Etat à l'abri de grands malheurs et de grandes catastrophes?

L'origine de l'Etat est due au besoin de la justice. Les hommes vivant ensemble et se développant, chacun selon sa force et son intelligence, ont senti le besoin d'un tribunal juste et indépendant; afin de protéger le faible contre le fort et de garantir à chaque sociétaire le fruit de son activité. Un gouvernement démocratique suffit à ce besoin ; car, dans un tel état, l'autorité est tout à-fait neutre. Elle ne se mêle de rien, elle n'entreprend rien, elle veille seulement à ce que justice soit faite des crimes et des délits à lui dénoncés. Mais bientôt la population ayant augmenté, et l'Etat s'étant étendu, son rôle, de passif qu'il était, est devenu actif. Du juge, il a fallu s'élever jusqu'aux fonctions de tuteur et de représentant politique de la providence. Il ne suffit plus à un gouvernement de faire justice des crimes, il faut qu'il puisse prévenir les grandes calamités ; il faut, pour ainsi dire, qu'il se charge de tous les soucis de la nation, afin de lui conserver ses trésors, son honneur et son activité ; afin de lui garder un morceau de pain pour les temps malheureux.

De plus, une nation ne vit pas de pain seul. Il lui faut encore des jouissances intellectuelles.

En étendant l'activité matérielle du peuple, le gouvernement doit songer en même temps à élargir son âme et à l'élever vers l'immortalité par de grandes actions nationales, par de grandes vertus collectives.

Dès-lors, le gouvernement est devenu un établissement de progrès intellectuel et de providence matérielle. Dès-lors, il avait besoin, non-seulement d'ordre et de crédit, mais encore d'autorité et d'unité; en un mot, il avait besoin d'un chef. Ce chef était d'abord institué à vie, mais comme sa mort, ou d'autres accidents humains. compromettaient souvent l'ordre, partant le travail, le crédit, et jusqu'à l'intelligence, le pouvoir fut érigé en principe par l'hérédité. L'expérience a prouvé qu'une monarchie héréditaire peut résister à toutes les calamités du ciel et de la terre. Dans notre vie, il faut toujours s'attendre au mal, qui vient tout seul; le bien a besoin d'être préparé de longue main.

Non-seulement la démocratie n'est pas de nature à résister au mal, qu'elle aggrave par ses passions et par son impatience, mais encore elle est incapable du véritable bien.

Elle ne sème jamais, elle ne songe qu'à récolter. Comme Alexandre, elle ne dénoue pas un nœud, elle le coupe en morceaux. D'ordinaire elle vit aux dépens d'autrui, soit en s'abandonnant à des conquêtes étrangères, soit en spoliant ceux qui, pendant des intervalles de repos, ont amassé quelque fortune. Sa devise est : *Prendre et ne jamais rendre.*

II.

Pour qu'un gouvernement résiste au mal, il faut qu'il soit un principe ayant de fortes racines dans le pays. C'est par ce même principe qu'il produit le bien. La même force flexible qui fait résister l'arbre à l'ouragan, produit en lui des fleurs et des fruits.

Cette force, cette vigoureuse flexibilité, inhérentes à la monarchie héréditaire, la rend seule propre à tous les progrès, à toutes les réformes sociales. Elle seule peut marcher, car seule elle est debout. Toute réforme est un grain d'avenir qui a besoin d'un certain temps pour germer, fleurir et mûrir.

Toute réforme aboutit à une question de finance et de crédit. Sans ces deux conditions : *le temps et le crédit*, les réformes dégénèrent forcément en révolutions, qui avec un seul bien problèmatique, apportent une douzaine de maux réels.

La démocratie est riche en projets de réforme sociale. Les uns sont insensés et basés ostensiblement sur la démence, la spoliation, le vice et le meurtre; les autres, plus sensés, ne sont exécutables que dans une monarchie. La démocratie la plus sage est à la monarchie, ce qu'est le travail au capital. Isolée, elle est incapable du moindre bien; réunie à la monarchie, elle peut produire le bien et contribuer au progrès national.

La démocratie propose mais la monarchie dispose.

La démocratie peut bien être en avant et servir de moteur aux idées d'avenir et de progrès, mais, étant sans frein et sans rails, elle déraille forcément et s'embourbe dans les bas-fonds de l'utopie, si elle n'est pas guidée et refrénée par la monarchie.

Jusqu'à présent, la démocratie avec ses grandes réformes radicales et sociales, ressemble à la fille rêvant des millions par ses œufs, juste au moment de les casser; avec cette différence, qu'une fois les œufs cassés, la paysanne a assez de bons sens pour soigner la poule, tandis que la démocratie en fureur, loin d'imputer la casse des œufs à sa maladresse, en accuse la poule et se venge sur elle. Puisque les œufs se cassent, dit-elle, réformons les poules, et, pour commencer, elle leur tord le cou et les mange. Cela fait d'assez bons potages pendant quelques jours, mais, après, il n'y a plus ni poules, ni œufs, ni potages. Tout s'en va, excepté l'orgueil qui reste. Cet orgueil, étant naturellement pauvre et sot, il change la pauvreté et la sotise en vertu, et fait une guerre à mort à la propriété et à l'esprit.

Ce sont les seules réformes de la démocratie. Elle n'a jamais soulagé la misère d'un seul, sans rendre misérables une centaine d'autres citoyens.

III.

Il n'est point de société parfaite. L'homme, comme l'humanité, peut toujours s'améliorer par le devoir et la justice. Sans sortir des limites restreintes de la vie humaine, sans changer la nature de l'homme, la société a toujours progressé, malgré les révolutions et les secousses sociales. De l'anthropophagie elle a passé à l'esclavage; de l'esclavage au servage; du servage à la propriété du salaire. Elle ne s'en tiendra pas là. A mesure que la propriété augmente par le commerce, l'industrie et l'agriculture, le travail s'émancipera, par l'association volontaire et pacifique, avec le capital qui, par l'abondance seule, deviendra l'égal et même le subordonné du travail.

Ce n'est pas tout. L'état, grâce à son principe d'ordre, à son crédit et à la consolidation de la paix universelle, s'occupera forcément de l'avenir d'honnêtes travailleurs, comme déjà il s'est occupé de celui des invalides militaires. Bien des grandes réformes sont possibles avec des moyens très-simples. Il serait facile à l'état de tenir un bilan général du nombre des travailleurs et de la quantité du travail. Rien de plus simple que de faire dresser tous les jours une statistique générale de tous ceux qui demandent, les uns du travail, les autres des travailleurs; non-seulement dans une ville, mais dans toute l'étendue du pays. Grâce aux chemins de fer, cette réforme se fera tôt ou tard, mais à cette seule condition : que le gouvernement ait le pouvoir et le droit de forcer chacun de travailler, s'il n'a pas d'autres moyens d'existence, afin de l'envoyer là où il a du travail sans travailleur. Ce pouvoir n'est pas fondé sur le droit *au*, mais sur le devoir *du* travail. Sans ce pouvoir, il n'y aura jamais, ni ordre, ni paix, ni liberté, ni réforme sociale.

Il y a deux sortes de misères. Une qui est sacrée, une autre qui est méritée. La misère sacrée est celle de la veuve, de l'orphelin, de l'enfance, de la vieillesse, du travailleur malade, enfin de l'impuissance naturelle. Il est des créatures humaines incapables de travailler. C'est cette misère dont l'Ecriture dit, que ses cris vont droit au ciel, et que ses larmes brûlantes seront des charbons ardents lancés sur les têtes des avares, des usuriers et des hommes sans cœur, sans entrailles et sans charité ; c'est enfin cette misère avec laquelle la charité privée doit rompre le pain, et que la société doit couvrir de son manteau de Lazare.

Par contre, il est une misère qui, loin d'être sacrée, n'est qu'un châtiment mérité, ou bien la suite naturelle d'un vice capital. Quand Dieu a donné à un homme, vie, force et santé, et que cet homme est dans la misère, on peut être sûr que, loin d'être de la faute de la société, cette misère n'est que la fille souillée d'un vice, souvent de plusieurs vices à la fois.

Cet homme, dit-on, ne demande qu'à travailler; que la société lui donne le droit au travail et il sera sauvé. Mensonge ! Si la société voulait forcer cet homme à travailler, il trouverait mille prétextes pour ne pas faire son devoir, au nom de son prétendu droit. Bien plus, la société lui donnerait capital et travail à la fois, il gaspillerait tout, il sacrifierait tout à son orgueil et à ses passions. Il est à remarquer que tous les révolutionnaires violents sont des médiocrités impuissantes, incapables de gérer la moindre affaire sans la compromettre. Il est des hommes crées par la nature pour le travail secondaire, des monogynes, comme les appelle Fourier, capables seulement d'exécuter toujours le même travail machinal. D'autres ne travailleront jamais nulle part, à moins d'être forcés par la justice. Malheur au gouvernement qui manque à ce devoir, qui cède à la pression de ce désordre sous prétexte de misère. C'est cette misère qu'il faut pouvoir forcer de faire son devoir, afin de lui garantir ses droits. On ne gouverne pas les hommes avec de la philanthropie et des tirades sentimentales, mais avec la justice stricte et sévère. Sans sévérité point de justice.

Charité, justice, réforme, voilà trois mots parfaitement inconnus à la démocratie. Elle soulève, jamais elle ne soulage la misère; elle est sévère, jamais elle n'est juste ; elle renverse, jamais elle ne reforme.

Sous la monarchie la plus infâme, le peuple est encore plus riche que dans une démocratie révolutionnaire. Sous Louis XV, le peuple français était plus heureux que sous Robespierre, malgré les biens nationaux. Ces biens n'ont acquis une certaine valeur que sous l'empire. La démocratie, comme révolution même, n'est capable d'abolir quelques abus, qu'à condition qu'elle soit passagère; semblable à un ouragan, suivi de pluie et de soleil.

Février à rendu un tel service à la France. Il a démoli une usurpation forcée, par sa nature, de corrompre le pays. Comme un incendie, le mouvement de février a brûlé de près, pour éclairer de loin. Mais le bien qu'il peut produire ne dépend pas de lui. La violence sera toujours négative. Un mal a été détruit par un mal. Voilà tout. Le véritable bien ne sera possible que par le rétablissement de la monarchie héréditaire et légitime ; seule monarchie capable d'entreprendre des réformes sociales et de sauver la démocratie même d'une perte certaine. La démocratie est l'ombre de la monarchie. Comme telle, elle est nécessaire. La monarchie disparue, la démocratie ressemble à un de ces pays polaires où il y a un crépuscule éternel, et où les hommes s'appellent des *Lapons*.

LE COMMERCE ET L'INDUSTRIE.

I.

Ce qui manque absolument dans notre enseignement, c'est l'histoire intellectuelle de la paix. Nos professeurs aiment à broder sur toutes les actions héroïques des républiques grecque et romaine; ils s'arrêteront un instant aux faits et gestes des Etats chrétiens, mais aucun d'eux ne quittera la routine païenne pour approfondir l'histoire intime et pacifique du christianisme, seule et unique histoire de l'homme et du peuple.

Que nous importe, à nous autres chrétiens, les exploits de quelques grands hommes des républiques de l'antiquité, dans lesquelles le peuple était esclave, où il n'y avait ni travail, ni salaire, ni commerce, ni industrie ?

A quoi bon peindre avec des couleurs brillantes des principes gouvernementaux qui n'ont pu exister qu'avec la dictature et l'esclavage, et qui, ressuscités, produiraient les mêmes effets ?

Ne vaudrait-il pas mieux rechercher l'origine de la liberté du travail, les résultats politiques du commerce social, plutôt que d'épeler les discours de Demosthène, et d'étudier un champ de bataille de César?

Ne vaudrait-il pas mieux enseigner à la jeunesse la philosophie de la civilisation chrétienne, plutôt que de rechercher les racines d'une phrase antique écrite par un matérialiste païen ?

Ne vaudrait-il pas mieux scruter l'histoire de la monarchie chrétienne et de la transformation de la société attachée à cette même monarchie, plutôt que d'expliquer les dieux des Ilotes et des Néron? Enfin, ne vaudrait-il pas mieux enseigner à tout chrétien l'histoire intellectuelle de sa religion, les effets politiques qui en ont été les résultats immédiats, plutôt que d'approfondir les mystères d'une fête bacchanale des empereurs romains?

On dira qu'on enseigne tout cela. Alors pourquoi donc la jeunesse studieuse est-elle républicaine et athée? Comment se fait-il qu'il y ait des hommes graves, croyant que la démocratie est un progrès? Un aperçu général sur l'histoire chrétienne suffirait pour prouver que le progrès pacifique, que le développement de la liberté commerciale et industrielle sont exclusivement dus à la monarchie chrétienne, et qu'introduire un gouvernement démocratique, c'est reculer forcément jusqu'aux temps de l'esclavage et du polythéisme.

Le progrès n'est pas la cause, mais l'effet d'une certaine forme sociale; forme qui, à son tour, est l'incarnation d'un principe gouvernemental. Ce principe est le christianisme. C'est le christianisme qui a créé le pouvoir héréditaire; c'est au pouvoir héréditaire que le peuple doit son affranchissement; que le travail doit son émancipation; c'est à cet affranchissement enfin, que la société est redevable de ses richesses commerciales et industrielles; richesses qui ont contribué au progrès général plus que tous les livres des philosophes anciens et modernes.

Qu'on ôte la cause, et peu à peu disparaîtront tous les résultats obtenus par les efforts de vingt siècles.

II.

L'histoire du commerce et de l'industrie est, pour ainsi dire, identique avec l'histoire de la propriété. Là où la propriété est garantie, le commerce fleurit, l'agriculture prospère et l'industrie commence à naître. Dès que les garanties de la propriété sont compromises, commerce, industrie et agriculture disparaissent comme par un sortilége.

Dans l'antiquité, le commerce n'a surgi que dans des états gouvernés par un prince juste ou par des mœurs sévères, tenant lieu de pouvoir. Sous Salomon fleurit l'industrie. Sous quelques Pharaon, en Egypte, on trouve des traces d'industrie. On connaît le sort de Carthage. C'est le sort de tout commerce démocratique.

Rome n'a connu ni commerce, ni industrie, du moins ce que nous entendons sous ces mots. Ses richesses ont été les fruits des victoires et des rapines. Le travail y était forcé et non rétribué. Cette circonstance a empêché l'antiquité de faire des progrès dans l'industrie. Les hommes n'inventent pas quand leurs inventions ne profitent qu'à d'autres. La pensée elle-même, révélation directe de Dieu, se cache, si elle n'est pas sa *propre* propriété. Sous les empereurs, il n'y avait ni commerce, ni industrie. Tout se réduisit au commerce du blé et de quelques articles de luxe. A quoi bon hasarder des entreprises, si à tout moment, par une simple corde, un empereur peut s'approprier les fruits d'un demi siècle de travaux?

Même phénomène pendant la féodalité. Le serf laboura, travailla pour son seigneur, qui aurait dérogé, s'il avait songé à augmenter sa propriété, autrement que par les armes et l'héritage. Toutefois, le serf a déjà une propriété. Il a, de plus, une famille. Il laisse son fief à son fils. C'est le commencement du commerce agricole et de l'industr ie nationale; commencement pénible et lent, mais qui, dès-lors, va toujours croissant.

Peu à peu, grâce à la royauté héréditaire, le travail s'affranchit; le serf devient bourgeois, les municipes se transforment en villes libres. L'esclavage disparaît. La devise du peuple est : *Dieu et le roi*. A l'instant naît le commerce industriel; à l'instant l'homme double, triple son travail et même son intelligence.

On se trompe étrangement, si l'on croit que les villes libres du moyen âge étaient démocratiques. Elles devaient toutes leurs franchises aux rois et aux empereurs. Elles étaient toutes aristocratiques. Seulement, à l'aristocratie de la noblesse, elles opposaient l'aristocratie du travail et de l'intelligence. Dès que l'esprit démocratique s'empara d'elles, elles furent perdues.

On connaît les guerres des villes industrielles du moyen âge contre la féodalité nobiliaire. C'est à elles que la société chrétienne doit les libertés politiques, en échange desquelles les rois obtinrent crédit et subsides. A mesure que l'industrie grandit, que le commerce s'étend, les guerres deviennent moins fréquentes, la royauté devient représentative, les peuples se rapprochent et rivalisent ensemble d'esprit, de travail et de génie.

C'est avec ce travail intérieur de la société que coïncide la découverte de la boussole et de l'Amérique.

Jusqu'à présent, l'émancipation du travail par l'industrie et le commerce était exclusivement royale. A partir de cette époque elle devient nationale ; là où la royauté s'épanouit et donne tous ses fruits de liberté nationale, l'industrie s'élève avec elle à des hauteurs inconnues jusqu'alors. Là, au contraire, où l'esprit révolutionnaire de la démocratie schismatique pousse les rois à l'absolutisme et la religion au fanatisme, l'industrie languit et le commerce se restreint. Il y a cependant une grande différence entre l'absolutisme païen et l'absolutisme chrétien. Les rois chrétiens, à quelques rares exceptions près, ne portèrent pas atteinte à la propriété. Jacques Cœur est le premier et le dernier industriel spolié par ordre du roi. Encore trouva-t-il des juges et plus tard des défenseurs. En outre, malgré les guerres continentales, le principe chrétien força les rois à conclure de longues trèves qui, en peu de temps réparèrent les pertes éprouvées. Pourvu que l'homme ait la liberté de la propriété, il est capable de refaire quatre ou cinq fois sa fortune. Sans cette liberté, il n'y penserait même pas. Cinq années de régne démocratique font plus de mal au commerce que trente années de guerre monarchique. Le soldat du roi pille et vole au nom de la guerre, mais il reconnaît au fond le droit de propriété; le démocrate, au contraire, spolie son frère au nom de la fraternité, et le force sous menace de mort, de glorifier la spoliation avec des *Te Deum* communistes. L'un en veut seulement au propriétaire, l'autre détruit le principe de propriété.

III.

L'Espagne qui, longtemps avant l'Angleterre, jouissait des libertés provinciales, et qui, lancée dans la voie du progrès, était arrivée à la conquête de l'Amérique et de la moitié de l'Europe continentale, perdit tous ces avantages par un despotisme brutal et anti-chrétien.

Il en est de même du Portugal. Les Pays-Bas, au contraire, ont ruiné leur commerce et leurs libertés par les excès de la démocratie. Si les Pays-Bas avaient su de bonne heure établir une monarchie héréditaire, ils auraient dominé l'Europe et maintenu la liberté de la mer.

L'Allemagne, après avoir fondé une industrie nationale dans ses villes libres, se débat dans la défaillance de son pouvoir électif.

La Pologne, la Hongrie, grâce à ce même pouvoir électif, s'épuisent dans le servage et dans des guerres stériles.

La Russie ne fait que commencer. Restent la France et l'Angleterre. La première, grâce à la démocratie protestante, cingle à pleines voiles vers le despotisme; l'autre, tout en maintenant son pouvoir héréditaire, élargit toujours ses libertés nationales. Quelques années de révolution contribuent encore à la solidité de la monarchie restaurée. Il est vrai qu'elle change de dynastie, mais ce n'est qu'après avoir changé de religion, et bientôt le dernier des Stuart s'éteint dans l'exil. C'est le commerce qui a sauvé la monarchie anglaise, en lui donnant force et crédit. Là est la cause de la supériorité de l'Angleterre sur la France; si les rois anglais avaient été absolus, ou bien qu'ils eussent trouvé en France des Etats Généraux, ils auraient été vaincus comme les anciens rois d'Angleterre, pour lesquels chaque victoire en France se transforma en défaite. Sous Louis XVI, où l'esprit national se réveilla, l'Angleterre risqua un instant de baisser pavillon devant le drapeau français. Quoi de plus admirable, en effet, que de voir toute une nation debout, formulant pacifiquement tous ses griefs, demandant toutes les réformes sociales au nom de son roi et de sa religion. Mais le démon de la démocratie ayant détourné ce mouvement du chemin du devoir, la France chancela et s'abîma dans le gouffre de l'anarchie. La force de l'Empire était factice. Ce fut un colosse de bronze sur un socle de plâtre.

De nouveau l'Anglais est vainqueur. A lui le commerce, la mer, l'industrie, et la garantie de la propriété par la garantie de l'ordre et du crédit.

Il aurait fallu à la Restauration une longue paix et de grands hommes d'Etat pour rendre à la nation tout l'élan dont elle est susceptible. La révolution de juillet fut un croc en jambe donné à la France par le mauvais génie de la démocratie. La révolution de février a encore élargi la blessure, mais cet élargissement ressemble à une opération médicale plutôt qu'à une aggravation de maladie. Souvent, pour n'être pas étouffé par la fumée, il faut activer la flamme et l'étendre. Le mouvement de février est une opération d'ordre. Par lui, la France peut revenir au principe monarchique qui est le cœur du corps national, et recouvrer les libertés nationales qui en sont les veines, pour porter la vie jusque dans les extrémités des membres.

Les républicains Français, imbus des idées romaines, ont toujours cru et croient encore que la France est un soldat continental, espèce de Don Quichotte démocratique, pour abattre les moulins à vent de Vienne, de Berlin et de Saint-Pétersbourg. Le gouvernement démocratique, n'ayant pas de crédit, est forcément militaire et conquérant. Il ne fonctionne pas, il campe. Napoléon était l'incarnation de ce principe, et c'est pour cela qu'il sera toujours admiré par les démocrates, malgré la haine qu'ils lui ont vouée. Pourtant, la France, excepté sous Louis XIV et Napoléon, n'a jamais entrepris une guerre injuste. Ces deux époques, du reste, doivent lui avoir appris que toute guerre qui n'est pas de légitime défense, tourne à la fin contre celui qui l'a suscitée.

Tôt ou tard la France s'apercevra, qu'elle est baignée de deux mers, qu'elle a une colonie presqu'aussi vaste que la mère patrie, que toute sa gloire est dans sa justice et dans son génie pacifique.

Tôt ou tard il faut qu'elle revienne à son naturel, c'est-à-dire à son principe gouvernemental, auquel elle doit tout, propriété, liberté, crédit, commerce, industrie, marine, tout enfin, et jusqu'à son génie.

LE BUDGET.

I.

Il est des maladies qui ne peuvent être guéries qu'en leur cèdant. Du nombre sont le mal du pays et le mal d'amour. Il en est de même d'un peuple qui a le mal de constitution. Jeté en dehors du principe inné qui a fait sa vie et sa force, tous les remèdes politiques et financiers seront en vain.

Ils peuvent un instant produire du calme

et du repos, mais le mal répercuté sera tôt ou tard suivi d'une recrudescence violente; à moins qu'on ne lui tire tout son sang; à moins qu'on ne le prive de toutes ses forces vitales. Dans ce cas, le malheureux peuple meurt pour ainsi dire guéri. C'est le propre des révolutions d'être riches en propositions de loi. La vie d'un homme ne suffirait pas pour recueillir tous les projets de réforme financière et administrative, qui ont été faits depuis 1830. Tacite l'a déjà dit : *Corruptissima republica, plurimæ leges*. Tous ces initiateurs de réformes spéciales, s'occupent de guérir les membres d'un corps, dont la constitution même est gangrenée. Une révolution n'est ni un mal local ni un mal spécial. Quand un homme a le sang vicié, on ne le guérit pas en lui coupant bras et jambes.

Il faut s'attaquer au principe même en chassant le mauvais par le bon.

Le peuple n'est pas fait pour le gouvernement, mais le gouvernement pour le peuple. Pour un qu'il reçoit, il faut que l'Etat en donne dix. Pour qu'une nation paie des impôts à un gouvernement, il faut que celui-ci, par son principe même, lui en assure des avantages centuples, ce qui fait qu'un pays révolutionnaire ne saura jamais entreprendre des réformes financières. Si peu qu'on lui accorde, c'est encore trop ; car il est incapable de rien donner en échange. Ce qui fait encore que les impôts ne sont jamais onéreux avec une autorité légitime qui, par sa présence même, garantit l'ordre et la propriété, source de toute liberté ; car on a beau lui prêter beaucoup, elle en donne toujours dix fois plus en retour.

Que dans une république, le propriétaire d'une maison paie cent francs moins d'impôts — qu'importe, s'il ne trouve pas de locataires ; ou bien, si les locataires lui paient 150 fr. de moins !

Qu'importe l'abolition des impôts sur les produits de l'agriculture et de l'industrie, si le pays n'a pas de larges débouchés dans l'extérieur ? Tout se balance. L'impôt aboli, les denrées seront moins chères, et, avec l'abaissement du prix des denrées, le salaire diminuera forcément.

Les malheurs d'un pays sorti de sa constitution naturelle sont d'ordinaire doubles. Non-seulement les impôts augmentent, mais encore les rapports diminuent. Là est le vrai mal, et ce mal ne saurait être écarté par aucune réforme administrative.

Que cette constitution soit rétablie, à l'instant les bienfaits augmenteront dans une proportion également double. Non-seulement les impôts peuvent être dégrevés, mais encore ceux qui les paient en tireront un double bénéfice.

Les seuls moyens de dégrever les impôts sont : l'économie et le crédit. Ces moyens sont inapplicables dans un Etat révolutionnaire. L'économie ne sert à rien, quand on ne reçoit rien, et un gouvernement sans crédit, ne garantissant pas la propriété et le commerce, finira bien vite par ne plus recevoir.

Supposé que la France rétablisse la monarchie légitime et héréditaire, que la paix soit consolidée tant à l'intérieur qu'à l'extérieur. D'ici à deux ans, le capital ne trouverait plus deux pour cent d'intérêts. D'un côté, il deviendrait le serviteur dévoué du travail; de l'autre, il chercherait à se placer sur l'Etat qui, pour quatre pour cent d'intérêts, trouverait cent vingt francs et plus, pour cent francs.

Que de moyens! Que de ressources! Un tel gouvernement n'a jamais besoin de payer ses dettes. Les créanciers seraient bien fâchés d'être remboursés. Ce qu'il leur faut, ce sont les intérêts assurés. Un tel gouvernement aura un crédit infini, seul moyen de dégrever les impôts.

Ce n'est pas tout. Plus il allégera les impôts, plus il gagnera. A mesure que le producteur paie moins d'impôts, son commerce s'étendra; car il lui est plus facile de faire la concurrence à l'étranger, surtout pour des produits nationaux. Cent quintaux de bronze, payant cent fois dix centimes, rapportent plus qu'un seul quintal payant cent centimes. C'est là le secret de l'Angleterre. C'est pourquoi elle soutient les révolutions du dehors, tout en sévissant avec énergie, dans ses propres dépendances, contre toute tentative de sédition. C'est alors qu'un gouvernement peut songer à l'économie, et se créer un trésor national pour les grandes calamités imprévues. On n'économise pas quand on n'a rien, quand on a moins que rien. Or, un Etat obéré, sans crédit ni travail, a moins que rien; car rien n'y est assuré, ni la paix, ni le pouvoir, ni surtout la propriété. Parler des réformes, d'économie, d'abolition des impôts, dans une république, c'est rêver un paradis au milieu du désert. Le réveil n'en est que plus horrible.

II.

Un jour, le peuple d'Athènes résolut de bâtir un nouveau temple. Un démagogue, grand orateur, mais mauvais architecte, se présenta le premier. Après avoir adressé force flatteries au peuple, il se mit à tracer un plan de ce nouveau temple. Non-seulement, dit-il, ce temple doit effacer tous les autres par sa magnificence et sa solidité, mais encore il faut la plus grande économie, afin d'embellir l'intérieur par un autel splendide et par de riches statues d'or.

A peine eût-il quitté la tribune, qu'un autre architecte, peu orateur, mais connu par son talent réel, lui succéda. « Citoyens, dit-il, je n'ai qu'un mot à dire. Ce que celui-ci vient de vous proposer, moi seul je le ferai. »

La monarchie héréditaire succédant à la démocratie ou à l'usurpation, peut adresser les mêmes paroles à la nation.

Celles-ci, en flattant le peuple, lui parlent, depuis un demi siècle, d'émancipation du travail, de propriété, d'économie dans l'administration, de crédit, de paix, d'alliance entre les nations, de l'essor à donner au commerce et à l'industrie, de l'amélioration du sort des travailleurs, de la réduction de l'armée, de l'augmentation de la marine marchande, du dégrèvement des impôts, de la décentralisation administrative, etc., etc.

« *Citoyens*, dira la monarchie légitime et héréditaire, *ce que celles-ci viennent de vous promettre, moi seule je vous le donnerai.* »

RÉCAPITULATION.

Depuis que l'homme pense, pour apprendre à se connaître, il se demande si ses idées sont innées ou si elles lui viennent par l'entremise des sens. Toutes les discussions philosophiques des païens roulent sur cette seule question. Les uns admettent un idéal préconçu, les autres ne tiennent compte que des idées expérimentales. Les premiers, spiritualistes, ont eu un vague pressentiment du christianisme; les seconds sont des hommes matériels qui, dépouillant le fait du principe, cherchent à le subordonner à la raison individuelle et expérimentale.

Le christianisme a reconcilié l'idéal avec l'expérience, l'âme avec le corps, l'esprit avec la matière, par la révélation du devoir, par la grâce de la raison, en un mot, par le *Saint Esprit.*

Avec la religion révélée, la philosophie est tout-à-fait superflue. Une société suivant les préceptes de la loi religieuse, est parfaite. La religion donne à l'homme tout ce que la philosophie lui promet, et elle lui promet des biens que la philosophie ne saurait lui donner.

Mais le christianisme lui-même est un beau idéal, une société préconçue, une société de prêtres et de saints.

Or, l'homme étant double, c'est-à-dire matière et esprit, et la matière se révoltant continuellement contre l'esprit, il lui a fallu une forme politique, apte non-seulement à donner satisfaction aux besoins des sens, mais encore qui soit elle-même le symbole du triomphe de l'intelligence sur la matière, qui, enfin, par le devoir, expression du Saint Esprit, élève l'homme de la terre vers le ciel, au lieu de l'abaisser du ciel vers la terre.

Si immatérielle que soit une pensée, si éthérée qu'en soit la conception, il faut toujours qu'elle prenne une forme humaine, qu'elle devienne, pour ainsi dire, chair et os.

Dieu lui-même, pour sauver le monde, est descendu sur la terre pour se faire homme.

Le christianisme, en se révélant à l'humanité, a donc nécessairement dû amener une nouvelle forme double pour la société politique. Dans l'antiquité, la politique a créé la religion; le despotisme a inventé l'idolâtrie.

Les demi-dieux avec leurs génies esclaves, ont créé à leur tour des républiques patriciennes avec un peuple esclave.

Avec la chûte de l'Olympe, la société tomba dans une abjection inconnue jusqu'alors. Il n'existe dans toute l'histoire humaine une époque si honteuse pour l'homme, que celle de l'empire romain.

Tout y est vice, crime, lâcheté, tyrannie et esclavage. Gouvernants et gouvernés rivalisent de cruautés, de blasphèmes, de lubricités et d'abjection. Les bêtes, dévorant les victimes qu'on leur jette, sont plus respectables que ce gouvernement infâme et cet infâme peuple. Le meilleur de ses empereurs, Titus, est encore un misérable vis-à-vis d'un juif chrétien (1).

C'est au milieu de ce déluge moral que le monde fut sauvé par Jésus complétant Moïse.

Avec le christianisme, l'homme s'agrandit, le peuple s'affranchit, l'esclavage s'abolit. L'ordre devient liberté; le travail, propriété, et le droit, devoir.

Avec le christianisme enfin, disparaît la démocratie; car la démocratie, c'est la masse, c'est-à-dire la matière brutale, niant le Saint Esprit, qu'elle ravale aux caprices de ses passions ; niant la charité, cette grâce de la liberté; niant enfin la propriété, cette liberté du travail affranchi.

(2) Titus a fait dévorer par les bêtes six mille juifs, pour n'avoir pas abjuré leur religion.

La démocratie, c'est l'égalité du despotisme ou l'égalité du communisme, en tout cas, l'esclavage. L'égalité du christianisme, au contraire, est celle de la justice et de l'amour. C'est l'égalité qui élève l'homme vers Dieu, et non celle qui rabaisse dieu vers l'idole.

Par la foi, le dernier des hommes peut égaler le premier. Par la vertu, le pauvre d'esprit et de fortune devient l'égal du millionnaire et de l'homme de génie.

Le christianisme, détruisant la forme démocratique, a détruit, en même temps, la monarchie absolue.

Par lui, le roi n'est plus un maître, mais le représentant de la justice et de la liberté. Il n'a point de droits avant d'avoir rempli ses devoirs. Il commande aux hommes pour mieux obéir à Dieu.

Une nouvelle forme politique devait donc nécessairement sortir du christianisme révélé. Cette forme, représentant l'ordre idéal, a dû s'incarner dans le fait matériel, pour satisfaire à la fois, et l'esprit et la matière.

Le premier obstacle à la forme politique

chrétienne, était tout d'abord l'homme avec ses passions et sa fragilité.

Il fallait élever l'idéal de l'ordre politique à la hauteur de l'idéal de l'ordre spirituel. Il fallait transformer l'homme en principe, afin de le rendre immortel.

Au bout de quelques siècles, ce principe apparaît comme une révélation.

Grâce au christianisme, l'homme, d'abord esclave, puis serf, tend continuellement vers la liberté par le travail affranchi, devenu propriété. Pour s'assurer cette conquête précieuse, il créé l'hérédité; à l'instant surgit l'hérédité du pouvoir, comme conséquence forcée, comme égide divine de l'hérédité de la propriété.

La société a enfin trouvé son idéal de l'ordre, d'où doit jaillir la liberté. Etant au-dessus des passions et des intérêts des castes, l'hérédité du pouvoir devient logiquement le pivot de l'affranchissement du peuple, par l'hérédité de la propriété, qui seule, garantit les fruits du travail émancipé.

Ce principe devient bientôt le médiateur exclusif entre la religion et la politique. Là où il n'est pas appliqué, le peuple, se disant chrétien, ne peut sortir du servage et n'arrive jamais à la liberté politique.

Enfin, pour rappeler continuellement au principe d'ordre sa transformation chrétienne, le peuple, devenu libre, se fait représenter auprès de lui par des mandataires, afin de lui parler de ses devoirs, afin de garantir ses propres droits.

Voilà donc la royauté héréditaire et représentative sortie du christianisme, comme Minerve du front de Jupiter.

Voilà donc l'idéal descendu sur la terre, s'incarnant dans la matière.

Voilà enfin l'homme libre par le travail et la propriété, prospère par le commerce et l'industrie, chrétien par la paix et la charité, fils de Dieu par l'aspiration continue vers le créateur, par l'idéal du beau, par les arts et les sciences, et surtout par la foi, qui seule, soulève l'homme de dessus terre, pour le porter vers Dieu, sur les ailes de la justice et de la vertu.

Mais le démon de l'esprit négatif est trop jaloux de ce progrès. De nouveau, le doute renaît; de nouveau, l'orgueil humain déclare pouvoir vivre tout seul, sans foi, ni loi, ni roi. A l'instant, le devoir disparaît, le droit seul règne et gouverne. Alors, plus de liberté, plus d'autorité, plus de propriété. La démocratie apparaît avec son équerre égalitaire ; l'humanité, au lieu d'avancer, recule ; la société, ivre d'orgueil et de doute, tombe du despotisme dans l'anarchie, de l'anarchie dans le despotisme. Le crime appelle le crime, l'abîme appelle l'abîme.....

Ce n'est plus le christianisme; ce n'est même plus le paganisme. Car ceux qui croyaient à l'Olympe, ont su du moins se créer une demi liberté, en élevant, à côté des esclaves, quelques hommes justes et libres.

La démocratie, c'est-à-dire une république avec un pouvoir électif, n'est et ne sera jamais chrétienne. Loin d'être un progrès, elle est la négation de tout progrès, de tout ordre, de toute liberté.

Le seul et unique gouvernement chrétien est et sera toujours la monarchie héréditaire, avec des garanties de libertés nationales.

Si jamais la France redevient chrétienne — et le christianisme est éternel comme Dieu — elle reviendra forcément à la monarchie nationale.

Si le christianisme est une religion révélée, la monarchie héréditaire en est forcément l'incarnation politique.

Bien des fois l'orgueil humain a nié et aboli la religion chrétienne. En vain. Plus les hommes s'éloignent d'elle, plus elle est près d'eux. Il en est de même de la monarchie héréditaire. Elle est le plus près, le jour où l'on croit l'avoir à jamais renversée. L'une durera aussi longtemps que l'autre.

FIN.

TABLE DES MATIÈRES.

PREMIÈRE PARTIE.

DEUXIÈME PARTIE.

www.ingramcontent.com/pod-product-compliance
Ingram Content Group UK Ltd.
Pitfield, Milton Keynes, MK11 3LW, UK
UKHW012013240726
13965UKWH00002B/341